理解
·
现实
·
困惑

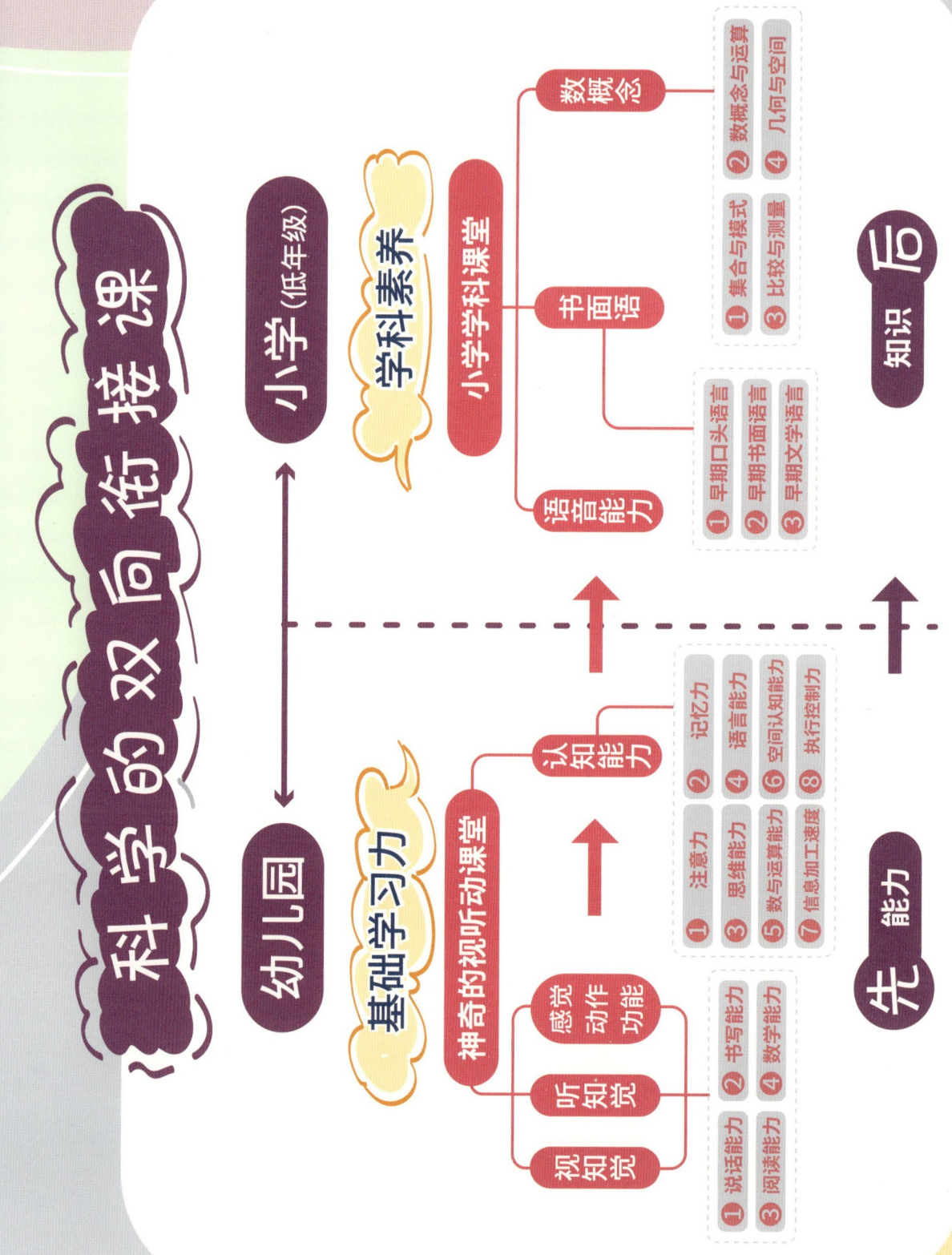

惠及每一个学生的学习支持中心

本书"零起点小孩"中的很多案例均来自赵微教授带领的陕西师范大学实验小学学习支持中心。

服务对象 涵盖学习困难学生、病弱学生以及有注意、行为、受心理问题困扰的学生

教育理念 一切为了每一位孩子的发展
不让一个孩子掉队
努力为每一个孩子提供公平而有质量的教育

工作模式 三级预防、双系统干预
早期发现、系统评估、分层指定个性化教育方案

社会影响 八年来,中心成功帮助近千名落后学生转化为成功的学习者。陕西师范大学实验小学学习支持中心的模式已在全国范围内辐射开办。

系统的视听动教学法

本书提出的"视听动课堂"依托刘氏视听动教育(创设于1979年)

▶ "视听动学习能力培训系统"由著名学者刘弘白博士发明创建,主要解决孩子语言表达弱、动作协调差、害羞社交、情绪化行为、多动倾向、注意力不集中、思维理解差、学习效率低等问题。

▶ 通过独有的"视听动"训练方法和人工智能检测3～16岁儿童的视觉、听觉和运动三种能力,改善儿童自身学习机能而非学习技能的特殊教育体系,真正实现从教育一个孩子到影响一个家庭,从而带动整个社会的目的。

心理学家的幼教课

幼儿园里的学习力衔接课

赵微　主编

王津　刘骋　〔美〕李文玲　著

本书为陕西省2022年基础教育教学改革与发展重大课题
"去小学化背景下幼小衔接理论构想与实践研究"成果之一

中国纺织出版社有限公司

内 容 提 要

如何理解"零入学"？如何解答教师、家长面对的现实教育困惑？如何理解与实现小学与幼儿园的"科学双向衔接"？本书主编赵微教授与一线教育从业者从心理学和幼小教学实践中遇到的问题出发，提出"零入学"不等于"零准备"。从幼儿园向小学的过渡过程中，不仅仅要做好学习习惯的准备，更应该帮助孩子形成"基础学习力"，完成认知能力的准备。本书聚焦于学前儿童的入学准备教育，既包含儿童心理发展的理论解释，又汲取了学前教育工作者丰富的教育实践经验，列举了生动且真实的案例，为幼小衔接阶段的教学提供了具体可行的教育建议。

北京市版权局著作权合同登记号：图字 01—2021—7280

图书在版编目（CIP）数据

心理学家的幼教课.Ⅱ，幼儿园里的学习力衔接课/赵微主编；王津，刘骋，（美）李文玲著.--北京：中国纺织出版社有限公司，2022.3
ISBN 978-7-5180-8978-9

Ⅰ.①心… Ⅱ.①赵… ②王… ③刘… ④李… Ⅲ.①学前教育—教育心理学 Ⅳ.①G44

中国版本图书馆CIP数据核字（2021）第212510号

责任编辑：关雪菁　路　祎　　责任校对：楼旭红
责任印制：何　建

中国纺织出版社有限公司出版发行
地址：北京市朝阳区百子湾东里A407号楼　邮政编码：100124
销售电话：010—67004422　传真：010—87155801
http://www.c-textilep.com
中国纺织出版社天猫旗舰店
官方微博 http://weibo.com/2119887771
北京华联印刷有限公司印刷　各地新华书店经销
2022年3月第1版第1次印刷
开本：787×1092　1/16　印张：13.75
字数：174千字　定价：62.00元

凡购本书，如有缺页、倒页、脱页，由本社图书营销中心调换

名家推荐

张厚粲
教授，北京师范大学心理学部

　　喜闻我的学生李文玲教授再著新作，甚为欣喜。她与舒华老师编著的《儿童阅读的世界》丛书取得了社会的广泛赞誉后，又与赵微教授共同编写了这套《心理学家的幼教课》。这套书通过心理学家的视角，对当下的幼儿教育、幼儿园课程设计、科学幼小衔接、家园共育等热门话题给出了解答。难能可贵的是，书中不再只是枯燥的心理学理论、空中楼阁般的指导意见，两位学者基于实践，提供了一整套行之有效的、可以向教学一线转化的科研成果，我读起来都兴趣盎然。比如，《心理学家的幼教课Ⅰ：幼儿园里的核心素养课》中提到如何让核心素养教育走进幼儿园课程，如何将一本简单精美的绘本拓展为长达一周的综合课程。《心理学家的幼教课Ⅱ：幼儿园里的学习力衔接课》中提到如何在"零起点"政策的指导下，帮助幼儿完成从行为习惯到基础学习力的充分准备，如何通过创新的"视听动课堂"的创建，帮助幼儿实现科学的幼小衔接。这些问题都是一线教育工作者面临的普遍困惑与难题。非常期待这套书的出版，它可以为我国幼儿教育提供更有活力和创造力、更符合幼儿身心发展的教学模式。让我们的孩子获得更高质量教育的同时，拥有更快乐、自由的童年。

王湘蓉
光明日报《教育家》杂志主编

儿童像刚探出头的鲜嫩的绿芽，对世界充满着好奇，他们用眼睛观察世界，用行动探索世界，用心灵感受世界，他们的健康生长，需要在温柔的环境里呵护。他们不仅需要爱和陪伴，还需要足够的理解和耐心，更需要教育者从促进他们自身成长的角度出发，做好理论和实践研究。针对儿童教育的理论研究，心理学家的研究非常关键，由李文玲、赵微两位教授主编的《心理学家的幼教课》丛书，依循儿童身心发展特点，求解儿童教育，对儿童成长过程中的一系列问题给出了心理学家的思考，并提供了有效的育儿指导。这套丛书打开了儿童教育研究的一扇窗，让我们看见儿童，看见更为生动的儿童世界。

罗 坤
陕西师范大学实验小学教育共同体总校长，中国少先队工作学会副会长，陕西省少工委副主任

二十多年的小学教育工作让我切实感受到了"良好开端"的重要性，因此饱尝了"幼儿园小学化"催生早熟的苦果，经历了"去小学化"后家校不知所措的迷茫，惊愕于社会上"幼小衔接班"的疯狂，也深思过我们多年强调入学前良好的行为习惯与学习习惯的培养，为什么仍然有很多小学生难以适应小学生活？这个问题一度困扰着我，百思不得其解。看到《心理学家的幼教课》这套书，我豁然开朗，原来真正影响幼小衔接的关键要素是儿童早期核心素养的养成、前学习经验的准备、基础学习力的发展。书中给予老师和家长很多具体且实用的指导建议，值得广大幼儿园教师、小学教师和家长认真阅读。

张守礼
北京奕阳教育董事长

　　幼小衔接问题已经成为当代中国家庭的核心焦虑之一，问题形成的主要原因在于：一是幼儿园和小学学习安排的分立，二是对儿童核心素养发展的认识及路径没有形成完整的年龄阶梯体系。最近出台的双减政策（《关于进一步减轻义务教育阶段学生作业负担和校外培训负担的意见》），改变了小学初段的学习安排，通过强调"小幼衔接"来缓解衔接压力，这无疑是非常正确的举措，但幼小衔接的真正解决还需要从更深层次的儿童学习本身的规律出发，来安排幼儿园和小学的整体教学。李文玲老师和赵微老师主编的这套丛书，基于多年的认知心理学研究，正本清源，建构出一条更为清晰的从幼儿园到小学的儿童学习发展之路。相信本丛书对于幼儿园和小学初段的家长、教师都有着极强的指导意义。

总　序

当心理学家走进幼儿园，会带来怎样的教育改变？

李文玲

教授、博士生导师

美国 5C 教育研究院院长

2016年，我与张厚粲、舒华老师共同主编了《儿童阅读的世界》（全四卷），从心理语言学、生理机制、教育心理学以及实践应用四个方面，系统地阐述了中文儿童阅读的研究全貌。参编该丛书的大多数作者都是多年从事中文儿童阅读研究的心理学家，也是心理学界第一次汇集全球有关中文儿童阅读的研究成果与读者分享。这套丛书有幸入选《中国教育报》2017年年度"影响教师的100本书"TOP10，得到了许多读者的赞誉。

与此同时，越来越多的教育研究者、一线教师也对研究者们提出了进一步的需求，希望心理学家能为从事一线教学的幼教工作者写一套可以提升幼儿教育的指导性用书。这也是《心理学家的幼教课》这套书出版的渊源。

很多幼教老师经常会问我：应该如何理解"零起点"入学的新政策？心理学家们可以为幼儿教育提供哪些有效指导？在"去学科教学"后，到底如何科学地完成幼小衔接的工作？核心素养教育和思维教育，能不能走进幼儿园的课堂……在这里我也尝试着做一个简短的回应，希望《心理学家的幼教课》这套书能为更多的幼教老师提供一些新的教学理念以及方法上的指导。

"零起点"不等于"零准备"

很长时间里，似乎我们身边的每个孩子都在应付各种各样的考试，家长不希望自己的孩子"输在起跑线上"，从孩子一出生就开始准备各种助学工具，提前进入竞技跑道。这种压力也无形地为幼教工作加码，"幼儿园的小学化"从教学内容到教学形式，都没有考虑幼儿身心发展的特点。实践也证明，这种超前学习、超标学习不仅不能让孩子成功领跑，还会适得其反，带来更多的学习问题和心理健康问题。

"零起点"入学、"双减"政策的提出，为家长和孩子减负的同时，也给教育工作者提出了迫切需要解决的诸多问题——当幼儿进入幼儿园后，到底应该学习什么？怎么学习？"零起点"是否意味着对知识性内容教学的一刀切？"去小学化"的幼儿教学尺度到底在哪里？我们应该让即将走入小学的孩子们，做好哪些心理和生理的衔接准备？

幼儿教育绝非"零教育""零准备"，2001年教育部颁发的《幼儿园教育指导纲要（试行）》（以下简称《纲要》）便已提出，幼儿园教育包括健康、语言、社会、科学、艺术五个方面的教育内容及目标，如何具体落实《纲要》中提及的"尊重发展规律""以游戏为基本活动""促进个性发展"等原则，心理学家或许可以给出一部分解答，为一线教师提供一套适合幼儿发展的、符合幼儿教学目标的课程体系。

为什么核心素养课应该走进幼儿园？

不能"小学化"了，怎么办？素质教育的再次回归，其实是一种观念与方法的升级，对一线教师、教育研究者和管理者提出了更大的挑战。核心素养，为我们正确理解素质教育提供了一个窗口。核心素养，是学生在接受相应学段的教育过程中逐步形成的、适应个人终身发展和社会发展需要的必备品格和关键能力。世界各国都纷纷制定了配合教育体系的核心素养标准，我国的《中国学生发展核心素养》于 2016 年发布，总体框架包括文化基础、自主发展、社会参与三大方面，综合表现为人文底蕴、科学精神、学会学习、健康生活、责任担当、实践创新六大素养。目前，基于中小学生的核心素养教育已经逐步开展，而针对幼儿园孩子的核心素养培育，却并没有更适合的课程体系和评价标准。结合 2021 年 3 月教育部印发的《关于大力推进幼儿园与小学科学衔接的指导意见》（以下简称《指导意见》）中提出"科学的双向衔接"的需求，如何让幼儿园教育吸收核心素养教育的优势（在上册《幼儿园里的核心素养课》中可以找到部分答案），如何在小学学科教学之前，通过创新的"视听动课堂"，帮助孩子形成基础学习力的储备（在下册《幼儿园里的学习力衔接课》中可以得到启发），在这套书中均可找到科学的结论和有效的指导建议。

如何从心理学家的视角设计幼儿园课程？

过去，无论是中小学还是幼儿园，课程设计专家大部分是学科教育专家、教育学家，他们擅长对知识体系的解析，制定相应的知识点、课程目标和评估标准。心理学家的出发点则不同，他们从儿童心理、生理的发展特点出发，特别强调能力的培养，强调对儿童发展阶段的评估，强调了解儿童群体整体特征的同时，关注个体个性发展。

也因此，心理学家设计出的课程特别具有"整合性"。例如，当幼儿阅读绘本的时候，传统的绘本教学可能更侧重故事和文本本身，而基于心理学理论的绘本课，将以语言内容为主的教学内容延展到科学、艺术、健康、社会等领域，使其成为整合的教学内容，帮助幼儿学会理解、分析、推理、整合、反思及创新，让孩子用语言表达对故事的理解、看法，并创造性地应用所学的知识。

这些教学目标对从事幼儿教学的教师提出了更高的要求，教师不仅要会讲解有趣的故事，还要通过有效的教学方法，如有效的提问、互动、手工制作、表演等活动设计，帮助幼儿提高他们的语言、认知和思维能力（如审辩思维和创造力）。从"一本书"到"一堂课"，培养孩子对学习的兴趣，形成良好的思维习惯，让孩子愿意分析问题和寻找最佳解决方案，那么他们在入学后自然就能够应对学习和生活带来的各种挑战。

这里还要回应一个很常见的问题，幼儿园到底应不应该开设阅读课？《纲要》对幼儿的语言教学提出了明确的听、说、读、写❶的教学目标，但很多老师不敢教生字，担心背上"小学化"的标签，这就有些因噎废食，阅读教育的核心不是为了"识字"，而是一种素养教育、思维教育，这也是教育观念的另一种升级，如何科学地融合好"阅读"与"去小学化"和"去学科化"，心理学家的整合型素养课程，或许可以给出不一样的答案。

什么是整合型素养课？

"去学科化"其实是一种更高要求的整合教育，结合我国学生核心素养标准和幼儿教育教学要求，我们提出了旨在培养5C核心能力的整合型素养课程，这里的"5C"指的是审辩思维能力、创造力、合作能力、沟通能力和社会意识。结合当下幼儿教学实际，我们在幼儿园课程设计领域，提出了人文教育（以语言和阅读为平台）加之科艺教育（以科学艺术为媒介）的整合素养课程体系。

该课程体系是基于心理学教学原则而设计的。只有理解原理（是什么、为什么），才能知道并举一反三地实践（怎么办）。比如，一册绘本的教学就是依据一个主题而设计的整合课程，它涉及的领域有科学、艺术、语言、健康等，配上各种游戏活动，达到培养幼儿核心素养以及良好行为习惯的目的。如果没有原理和基础方法的学习，教师往往会在实践过程中迷失方向，为此，我们提供了完善、有效的阅读五步教学法和科艺课程的教学步骤，为幼教老师提供课程设计的理论支撑和实践指导。

---

❶ 这里的"读"和"写"，指的是"利用图书、绘画和其他多种方式，引发幼儿对书籍、阅读和书写的兴趣，培养前阅读和前书写技能"。

如何使用《心理学家的幼教课》

在幼儿教育中，心理学起着至关重要的作用，如幼儿教育教学目标的设定、幼儿教学课程设计、幼儿教学方法、幼儿能力发展的评估等都需要心理学的指导。在这套系列丛书中，我们正是从幼儿心理发展的特点出发，为幼教工作者及家长讲解幼儿的发展需求、幼儿身心的发展特点；了解幼儿应该何时开始学习、应该如何去学习、如何有效地培养和提升幼儿的核心素养等。该丛书共有两册：《心理学家的幼教课Ⅰ：幼儿园里的核心素养课》和《心理学家的幼教课Ⅱ：幼儿园里的学习力衔接课》。

在《心理学家的幼教课Ⅰ：幼儿园里的核心素养课》中，我们分别围绕人文教育和科艺教育两个线索讲解了幼儿核心素养教育在幼儿园环境中的实践。在第一部分中我们介绍了人文教育，以幼儿语言能力的发展为平台，详细地探讨了幼儿口语和书面语言的发展，说明了幼儿绘本教学的相关理论、课程设计和教学方法。不仅将国内外最先进的理念介绍给大家，同时提供了符合幼儿语言发展的课程、教学方法及教学实例，帮助教育工作者更好地理解有关的教学理论和教学原则；在第二部分中我们介绍了科艺教育，从0~3岁托育教育和3~6岁幼儿教育两个板块，分别论述了科艺教育理论及教学实践，并且从艺术和科学等方面给大家提供了大量的实例，帮助教师们了解如何更为有效地通过科艺课程培养幼儿的核心素养；在第三部分，我们增加了三个不同的测评标准，这些标准可以帮助教师和家长更好地评价孩子的成长，有的放矢地提供教育和帮助。需要特别注意的是，专业心理测评是一项技术含量很高的工作，本书提供的测评工具只是一种说明和比照表，测评的实施需要受过专业训练的人员来操作，对结果的解释同样需要咨询专业人士。

在幼儿学前发展过程中，一个重要的教育目的就是入学准备。为了让幼儿能够顺利地从幼儿园进入小学，就要根据小学的教育目标及要求检查幼儿是否为小学入学做好了准备。赵微老师领衔主编的《心理学家的幼教课Ⅱ：幼儿园里的学习力衔接课》，分别从幼儿入学前行为习惯、社会性发展、幼儿基础学习力以及相应测评等角度，翔实地介绍了如何帮助幼儿为入学做好各种准备。

通过理论说明、案例解读及相应的教育建议，用深入浅出的讲解帮助幼教老师及家长认识儿童入学准备内容背后的原理，提高科学入学准备教育的自觉；创新性地提出"视听动课堂"实践的基础学习力培养思路，为教师和家长提供了更为明确、可行的教育指导。

总之，我们希望从心理学家的角度，为我国学前教育注入一些新的教育理念及教学方法，为我们一线的幼教老师、教育工作者及家长提供教学及相应的幼儿成长指导，提供一种新的探索和尝试。

前言

赵微
陕西师范大学教育学部三级教授、博士生导师
国内首个小学生发展支持系统（陕西师范大学实验小学学习支持中心）创始人

"零起点入学"不等于"零准备入学"

儿童从幼儿园进入小学，是人生第一个重要的转折点，是开始其正规学校教育的起点。入学准备教育关系着儿童的后继学习，并为儿童的终身发展奠定基础。幼儿园与小学在儿童入学准备教育中起着关键的作用，家长也扮演着重要的角色。为了做好幼小衔接，一些幼儿园会提前教授小学知识，一些家长对上幼小衔接班趋之若鹜，超前学习、超纲学习，孩子苦不堪言，家长压力山大。由于缺乏科学的入学准备教育，到头来，孩子不但不能很好地适应小学教育，反而出现上小学后的厌学、上课注意力不集中、无法完成学习任务等各种心理行为问题。2021年3月，教育部出台《关于大力推进幼儿园与小学科学衔接的指导意见》（以下简称《指导意见》），提出"零起点入学"，以改变过度重视知识准备，超前学习、超标教学等现象，强调在幼小衔接过程中关注儿童健康、素质与能力

发展。但实际上，很多教师和家长因此陷入迷茫，不知道该做些什么。

做好科学的幼小衔接，不只是幼儿园与学校的工作，更是家庭教育的重要组成部分。2021年10月23日，十三届全国人大常委会第三十一次会议通过了《中华人民共和国家庭教育促进法》，这部法律指出，家庭教育应尊重未成年人身心发展规律和个体差异，未成年人的父母或者其他监护人应当关注未成年人的生理、心理、智力发展状况。为了帮助教师和家长顺应儿童成长规律，科学做好儿童入学准备，我们在多年幼儿教育以及小学学习困难儿童教育干预的基础上，编写了本书，以帮助教师和家长科学认知儿童入学准备，并科学地引导孩子做好衔接。

本书特色

1. 被忽视的问题：认知能力的衔接

大量的幼小衔接指导，特别强调儿童早期良好习惯的养成，幼儿园也以培养儿童习惯为幼小衔接的主要内容。但从心理学角度讲，儿童入学准备除了关注行为习惯的培养外，更应该注重儿童早期各种认知能力的成熟与发展。著名儿童心理学家皮亚杰的认识发展理论告诉我们，认识的发展依赖于成熟，认知的发展具有连续性和阶段性。现代认知心理学研究揭示了人的认知能力广泛而复杂，认知能力发展决定着学习能力。比如，视觉能力与阅读密切相关，视觉、听觉发展的成熟度决定着听讲的专注度，精细动作、视觉动觉协调能力与书写密切相关，信息加工速度、加工的准确性等会影响儿童进入小学后学习的拖延程度和时间等。还有一些与语言发展密切相关的特异性认知加工，例如，语音加工、语素意识、正字法意识的发展会影响儿童今后的阅读能力，计划能力、同时性加工、工作记忆、逻辑推理等与儿童数学能力的发展密切相关，而这些能力的早期萌发都可以追溯到学前期和学龄早期。脑科学的研究也证明了学习过程中多个脑区联合作用的过程。这些认知能力的发展不是习惯的问题，而是人认识发展规律的组成部分，儿童的这些认知能力如果没有发展起来，进入小学后面对大量的学习任务就会产生学习困难。因此，从某种程度上讲，能力衔接的重要性不亚于习惯的培养。

2. 生活习惯不能代替学习习惯

心理学把习惯看作人在一定情境下形成的稳定的、自动化的行为方式。从入学准备的角度看，学前儿童在幼儿园的行为习惯培养固然重要，然而学习习惯不同于幼儿园的生活习惯，虽然二者有密切的关系，但其特定的情境不一样，学习习惯是在学习情境下形成的稳定的、自动化的行为方式，因此需要专门的培养，不能用生活习惯代替学习习惯，因此，本书专门提出了儿童学习习惯的培养以及给家长和老师的建议。

3. 双向衔接：幼儿园教育内容与儿童认知能力融合

《指导意见》特别强调"遵循儿童身心发展规律和教育规律""关注儿童发展的连续性""坚持双向衔接❶，强化衔接意识"。幼儿园教育活动如何促进儿童认知能力发展，如何将能力的发展与幼儿园教育内容相融合，是幼儿园教育工作者在教育部提倡"零基础入学"后面临的困惑，本书旨在解决这一困惑。

幼儿园与小学儿童如何做好知识的早期准备，需要从心理学角度认识学科知识的认知基础❷。例如，语音加工能力与拼音学习之间的关系，口语词汇发展与阅读的关系，前阅读、前识字、前书写等早期经验的习得与小学低年级语文教学的联系，学前阶段儿童的数学启蒙，如集合与模式、数概念与运算、比较与测量、几何与空间的生活经验与小学低年级数学的联系，这些都是儿童经验和能力发展的结果，与儿童认知发展一脉相承。学科知识的认知基础既是幼儿园教育活动应该关注的内容，也是小学入学适应值得注意的内容。

幼儿园应不应该有知识学习？前知识经验很重要，它不等于学科课学习，不能把前知识经验与学科课混为一谈。只要在儿童发展能力和规律范围内，也是幼儿园"零起点"养育应该重视的问题。

---

❶ 双向衔接：幼儿园向小学靠近的同时，小学也要承接幼儿园，详见第1讲第2节。
❷ 本书提到的"学科知识的认知基础"强调的是，在幼儿园要为小学低年级开始学习语文、数学等培养学科素养，即语音能力、书面语和数概念。

本书启发家长和老师认识到幼儿园教育与小学教育的不同，这种不同才是儿童入学准备需要关注的地方，这样才能做到有的放矢，积极且科学地衔接。

本书结构

本书由6讲构成，涵盖了入学准备的重要方面，特别强调儿童入学准备的基础学习力准备。第1讲主要介绍了幼儿园与小学教育的不同以及儿童早期发展的相关理论、入学准备的内容，由陕西师范大学教育学院赵微教授和其博士生王华婷共同编写；第2讲主要介绍了儿童视听动能力发展与入学准备的关系及其重要性，帮助教师和家长厘清入学准备的核心因素，由我国著名特殊教育学者刘弘白的儿子刘骋博士编写，吸收了其长期运营的专门纠正儿童学习问题与各种成长问题的视听动教育机构的理论与实践经验；第3讲由赵微教授编写，基于其建立的陕西师范大学实验小学学习支持中心中学习困难儿童的教育干预案例，系统分析了认知能力发展不足导致的学业失败的案例及其原因，总结了入学准备的各种认知能力，即基础学习力对于入学准备的重要性；第4讲由赵微教授和王津博士完成，王津博士是华东师范大学学前教育学专业博士、上海艾思坦幼儿园的园长，师从我国著名儿童语言教育专家周兢教授，长期致力于学前教育的研究与实践，对幼儿园如何培养儿童的学科素养有着系统、独到的见解；第5讲由陕西师范大学教育学院覃原博士完成，覃原博士将其培养初入学儿子的入学准备经验和教训写进了本书，且分别针对教师和家长提出了具体建议；第6讲系统介绍了儿童入学准备的评估，为教师和家长提供儿童入学准备的测评方法，由李文玲教授和陕西师范大学教育学院的博士生张笛共同完成。最后，由赵微教授统稿。

需要说明的是，本书并没有穷尽入学准备的所有理论与实践，因为很多学者和实践教师已经出版了不少优秀作品，来帮助家长和老师掌握入学准备的理论与实践。基于幼小衔接实践中强调习惯的重要性而忽视基础学习力准备的现状，本书从教育心理学角度出发，聚焦入学准备的基础学习力准备、学科素养的早期准备以及学习行为习惯培养三个方面。习惯固然重要，但是如果儿童的能力达不到，小学的学科内容就会让儿童感到过难而产生挫败感，失去学习兴趣和信心。因此，本书特别强调基础学习力的准备，包括第 2 讲和第 3 讲的重要内容。此外，在教育部提出小学"零起点"的教育要求后，很多家长和教师不知道除了教授小学知识还能教什么，本书第 4 讲给出了幼儿阶段如何顺应儿童认知发展的规律，以及可以培养的学科素养和教育建议。学科素养与小学知识有效衔接但不重叠，是儿童入学后学科知识学习的重要基础，也是帮助儿童顺利做好幼小衔接的保障。

本书在编写中得到了王津博士、刘骋博士、王华婷博士和覃原博士、张笛博士的积极参与，他们分别承担了编写任务。李文玲教授专门为本书撰写了"我准备好啦：儿童入学准备评估"这一重要章节，并给予了很多有益的建议。陕西师范大学实验小学学习支持中心的刘朦朦、徐玥和任楷文老师提供了丰富的真实案例。我的研究生邹震飞对书稿的格式进行了细致修改。感谢各位的辛勤付出！致以衷心的感谢！

目 录
CONTENTS

第1讲 当幼儿园遇上小学：两种不同的教育环境 / 1

幼儿从幼儿园一日生活中能学到什么？学前儿童入学准备应从哪些方面入手？能否从幼儿园顺利过渡到小学并适应新的生活和学习模式，直接决定幼儿下一阶段的学习和生活状态。

第2讲 视听动能力：基础学习力的生理准备 / 37

幼小衔接，不仅是知识的衔接，也不仅仅是学习习惯的衔接，还包括学习能力的衔接。如何培养儿童的视听动能力？视听动能力与说、写、读、算能力的关系是怎样的？本讲从基础学习力的生理准备层面给出了回答。

第3讲 认知能力：基础学习力的心理准备 / 69

除了视听动能力，基础学习力还包含注意力、记忆力、思维能力、语言能力、数与运算能力、空间认知能力、信息加工速度、执行控制力等各种认知能力。本讲提出了提高儿童基础学习力的策略。

第4讲 知识基础：学科素养准备 / 95

做好学科知识的早期准备只是学计算、拼音那么简单吗？如何打好学科知识基础？这是一项系统性工程，包含语音能力、书面语和数概念方面的准备。本讲从儿童学科素养的角度给出了回答。

第5讲 学习品质和行为习惯：行为准备 / 131

教师和家长如何营造有利于良好行为养成的环境、如何正确开展行为教育和指导，是本讲要探讨的问题。

第6讲 我准备好啦：儿童入学准备评估 / 151

孩子是否为入学做好了能力、心理、知识和技能方面的准备？这需要教师和家长对儿童入学准备情况进行评估。本讲介绍了入学准备期儿童的生理和心理发展特点以及评估的内容、方式。

参考文献 / 184

附录 教育名家对学习支持中心的赞誉 / 188

后记 / 193

第1讲

当幼儿园遇上小学：
两种不同的教育环境

赵微　王华婷

第1节　幼儿园与小学的不同 / 5
第2节　儿童入学准备教育策略 / 30

导 读

　　幼儿教育是儿童最早的基础教育阶段,小学教育是儿童正式接受学校教育的开始,也是他们生命历程中的一个重要阶段。从幼儿园教育进阶到学校教育,不仅是教育环境和生活环境的改变,更是教育方式和儿童生活方式与生活状态的转变。对年龄尚幼的儿童来说,他们必然要经历从幼儿园生活到小学教育生活的过渡,能否顺利过渡并适应新的生活和学习模式,将直接决定其下一阶段的学习和生活状态,并对他们的身心发展、完整人格等方面的终身发展产生重要影响。

　　因此,教师和家长必须重视学前儿童的入学准备。学前儿童入学准备需要注意哪些方面呢?本讲主要从幼儿园和小学两种不同的生活和学习模式着手讨论。

"零起点"小孩

我要上小学了

大班下学期，孩子们普遍感到自己即将成为一名小学生，这种长大的感觉，引发了孩子模拟做小学生的强烈愿望。尽管他们背起了小书包，但这已经远远不能满足孩子要当小学生的渴望。"老师，小学里有班长对吗？""小学生要一直考试吗？""老师，我们什么时候考试呀？""我姐姐的书包里有很多书，有许多本子，还有词典呢！可是我们的书包里只有一点点。"面对这么多问题和好奇，"我要上小学"的主题就这样产生了。

为了让孩子更能体验小学生的生活，我们参观了一所小学，孩子们发现了许多小学和幼儿园不一样的地方。有的发现小学里分男厕所、女厕所，而且男厕所和女厕所的布局也是不一样的；有的发现小学里有课间，十分钟内可以自由活动，可以跳绳、跳橡皮筋；有的孩子说："我们没有班长，小学里有班长，我们能不能也有啊？"还有孩子说："小学里有一面国旗，我们幼儿园有三面国旗。"还没等我反应过来，另外一名孩子马上接口道："不对，我们幼儿园也只有一面国旗，还有两面是我们幼儿园的旗子和开发区的旗子。"我听了笑着说："对，每一个国家只有一面国旗。幼儿园操场中间的是我国的国旗，左边的是我们的园旗。"

思考：案例中的幼儿对小学生活既渴望又好奇。他们通过参观小学，已经隐隐感知到小学与幼儿园的很多不同。那么幼儿园与小学的学习生活具体有哪些不同呢？

虽然幼儿园和小学是两个相互衔接的教育阶段，但二者在教育目标、教育内容、教育方法和教育评价等诸多方面都有着很大的区别。具体到活动或课程设置、环境创设、学习方式，包括教师的授课方式都有相当明显的差异性。虽然在幼儿园，儿童已经接受了很多习惯养成和知识的初步摄入，但小学是对儿童进行正规学校教育的专门机构，一旦进入小学，儿童就要独立地参加学习活动，开始按照国家统一规定的教学计划接受教育，这与幼儿园学习的要求与形式都不同。为此，孩子在入学前该做哪些准备呢？北京师范大学儿童家庭教育研究中心主任边玉芳认为，"入学准备状态是指，学龄前儿童为了能够从即将开始的正规学校教育中受益，需要具备的各种关键特征或基础条件，即儿童在进入学校时应当达到的发展水平，或能够适应新的学习环境和任务要求的身心发展水平与状态。"大量研究表明，孩子入学准备水平对后期学业成就和学校适应具有预测作用，入学准备水平的高低直接影响其后续的学习和生活。

因此，有必要对幼儿园和小学的不同进行比较分析，帮助教师和家长对小学的学校生活有更加清晰的认识，帮助儿童科学、有效地做好入学准备。

第1节

幼儿园与小学的不同

一、幼儿园生活及学习

《幼儿园工作规程》明确指出:"幼儿园教育应和小学密切联系,互相配合,注意两个阶段教育的相互衔接"❶。《幼儿园教育指导纲要(试行)》也明确指出:"幼儿园应与家庭、社区密切合作,与小学相互衔接,综合利用各种教育资源,共同为幼儿的发展创造良好的条件"❷。那么,幼儿园教育是怎么样的,应该如何与小学教育进行有效衔接呢?作为小学老师和家长,您对幼儿园的学习生活了解吗?

在幼儿园里,"一日生活皆教育",换一种说法就是"幼儿一日生活皆学习"。幼儿在幼儿园的一日生活主要都是什么呢?又是怎样学习的呢?尤其是大班的幼儿,即将步入小学阶段的他们,从现阶段自身的生活方式、学习方式着眼,其学习的重点又有哪些呢?在幼儿园里,幼儿的一日生活从性质上来说主要包括以下几个环节:入园/离园、进餐环节、集体教学活动、自主活动、户外活动、午睡环节、过渡环节、整理活动。

(一) 入园/离园

入园是幼儿在幼儿园一日生活之始。俗话说,好的开始是成功的一半。其实,良好的入园状态也会给幼儿一天的生活奠定良好的基础。作为大班的幼儿在入园时的理想状况是什么样的呢?在整个入园环节中其教育性如何体现,或者说幼儿主要需要学习的是什么呢?

---

❶ 中华人民共和国教育部:《幼儿园工作规程》,第二十九条,2016.
❷ 中华人民共和国教育部:《幼儿园教育指导纲要(试行)》,第三条,2000.

📋 活动清单 »»»

⇨ 幼儿

- ☐ 早晨，幼儿跟随监护人一起准时来到幼儿园，来到自己所在的班级
- ☐ 一路上，幼儿拿着力所能及的入园物品
- ☐ 到班级后，幼儿能够及时、主动地向班级老师、小朋友问好
- ☐ 自己放置随身携带的物品、自己脱换并悬挂衣物等
- ☐ 跟监护人说再见
- ☐ 找到自己的桌子、凳子，并搬到相应的位置
- ☐ 上厕所、洗手、喝水
- ☐ 与其他幼儿一起投入指定的活动中

⇨ 教师

- ☐ 热情接待幼儿，与幼儿打招呼
- ☐ 快速捕捉幼儿的情绪状况和基本身体状况
- ☐ 跟监护人说再见
- ☐ 提醒幼儿摆好自己的物品、做好个人卫生
- ☐ 组织幼儿们文明有序地进入指定的活动中
- ☐ 与个别幼儿监护人进行交流，进一步了解需要特别关注的幼儿的情况，要特别关注遇特殊情绪问题的或近期身体有不适的幼儿，或近期有一定行为问题的孩子

⇨ 家长

- ☐ 在家时提醒幼儿自己整理好入园将要携带的物品
- ☐ 早晨能够提醒幼儿按时起床并做好一系列出门准备工作
- ☐ 入园路上能够要求幼儿跟随一同入园，引导幼儿保持良好的情绪
- ☐ 入园时引导幼儿跟工作人员、老师主动打招呼
- ☐ 来到班级主动示意、示范跟教师主动打招呼

- 提醒幼儿整理好自己的物品
- 与幼儿说再见
- 有时候幼儿家长可以跟教师主动沟通关于幼儿的特殊情况

幼儿能学到什么？

（1）生活自理能力

从自己整理好并携带入园物品，然后到幼儿园放置好，再到脱、放衣物等都是对幼儿生活自理能力的培养。在此过程中，让幼儿深知自己的事情需要自己来完成，在不断完成的过程中培养生活自理能力，在生活自理能力不断提升的过程中形成自立、自信、自主等内在品质。

（2）意志品质

按时起床、按时入园是对幼儿意志品质和时间观念的培养。能够按时起床，尤其是在冬天，本身是一个很能锻炼人意志的方式。同时，为了能够按时起床，幼儿就需要前一天早一点入睡，调整好自己的睡眠时间。另外，由于能够按时起床，到了中午也就能比较容易地入睡，午睡质量能够得到保证，而且自己也会显得愿意、容易入睡。如此一来，整个睡眠时间、节律相对来说都比较合理，从而有利于良好睡眠习惯的养成，最终为身体的生长发育、为幼儿的一日活动奠定良好的基础，提供足够的精力支持。

（3）文明礼貌

从入园到入班，幼儿要与工作人员、教师、同伴主动打招呼、问候，这些都是良好文明礼貌的表现，也是自信、大胆的表现，能促进亲社会性行为的培养。文明礼貌就是在这样一次一次主动打招呼、问候过程中养成的，而自信、大胆也是在这种常规性活动中慢慢锻炼出来的，最后表现出来的就是幼儿良好的亲社会性行为，幼儿也会受到他人的以礼相待，从而营造出良好的人际氛围，为幼儿一天的活动奠定良好的情绪基础。

（二）进餐环节

进餐环节是幼儿在幼儿园一日生活中的一项重要活动。虽然每一个幼儿园进餐的次数可能不一样，但是对幼儿的要求基本上是一致的，基本目标也是可以达成共识的。幼儿在幼儿园的进餐既是为了保证幼儿身体发展的需要，也是为了保障一日活动的精力，同时在无形中也能提高幼儿对食物的认识，养成良好的进餐习惯、饮食习惯甚至提升其文化素养，这一环节充满着丰富的教育意义和学习契机。

活动清单 »»»

⇨ 幼儿

- 就餐前，幼儿去上厕所、洗手，尤其是洗手，还要打香皂
- 洗完手后，幼儿回到自己的位置准备好餐具
- 轮流值日的值日生需要在教师帮助下有序分发餐具，他们分工负责毛巾、筷子、碟子的分发，准备好碗、勺子、夹子等餐具；其他幼儿能够对值日生的服务表示感谢，安静有序地摆放好自己的餐具，不乱玩自己或他人的餐具
- 教师盛饭菜时，幼儿能够表示感谢并有序取饭菜，注意安全问题
- 在进餐时保持安静，不做与进餐无关的事情，不挑食、不偏食，在教师介绍食物的过程中，能够理解食物搭配的好处和道理，喜欢吃各种各样的食物。遇到不能吃的东西先把它放在碗旁，吃完后再把它收拾到垃圾桶里
- 吃完饭后能够用毛巾擦干净嘴，将自己的餐具送回到指定位置
- 漱口，把手清洗干净
- 将凳子放回到指定位置
- 值日生将桌子清理干净，将餐桌抬到指定位置，并清扫地面

幼儿能学到什么？

（1）卫生习惯

俗话说"病从口入"，进餐前将手清洗干净非常必要。在进餐前幼儿能够在教师的提醒下，甚至不用提醒的情况下自己通过"七步洗手法"将手洗干净，就是一种良好的个人卫生习惯。尤其是在公共活动的场合进餐，更是如此，所以值日生将自己的手清洗干净显得特别重要，这对值日生来说也是对他人负责的表现。

（2）饮食习惯

在健康活动或者餐前的一些过渡环节中，教师会给幼儿讲解一些关于食物营养、搭配等知识，帮助幼儿了解各种食物对我们身体生长发育的好处，使其喜欢各种各样的食物。教师还会讲解食物如何从最开始变成食材、从食材变成食物，最后到我们碗里等一系列劳动的过程，让幼儿了解面前的饭菜来之不易，不要浪费粮食。教师更是通过分享世界各地还有一些食不果腹的儿童过着营养不良的生活，启发幼儿珍惜粮食。通过所有这些穿插的活动让幼儿喜欢饮食，不挑食、不偏食、不浪费粮食等。同时在进餐的过程中，幼儿能在教师的提醒下坚持做到"食不言"，进退有序，从而形成良好的进餐习惯。

（3）服务意识

在进餐的过程中，轮流值日的值日生分发餐具，这不仅能提高他们数学知识的实际运用能力，还能够培养他们的服务意识。他们在分发之前需要分工合作，每个人承担一项任务；分完工之后则开始分发具体承担的餐具，此时便需要先快速数清楚每组的人数，然后快速数出相应数量的餐具，将其摆在相应的位置。整个过程就是数学知识与能力的应用过程。同时，在不断为其他幼儿服务的过程中，幼儿服务他人的意识也不断提高。

（4）责任意识

如前面所说，值日生将自己的手洗干净是对其他小朋友负责，否则在分发餐具的时候就容易传播病菌，引发不卫生的问题。同时，幼儿将自己的手清洗干净，在进餐前将自己的餐具摆放好，进餐后将自己的餐具物品放回指定位置，漱口等都是自己对自己负责的表现。同样，值日生在服务其他幼儿的过程中更是一种责任担当，培养的就是一种责任意识，知道这是我们该轮流来做的事情，而且应该认认真真地将事情做好。

（三）集体教学活动

到了幼儿大班阶段，集体教学活动也会有所增加，一节活动30分钟左右。虽然是集体教学活动，但形式多样，主要是游戏化教学，以兴趣激发为主要目标，以学习品质的培养为主要内容。大班的集体教学活动以游戏为基本活动方式，是寓教于乐的过程，不以知识的传输为主要目的，注重幼儿的亲身体验与感受，重在激发幼儿对现象的好奇、知识的兴趣等。该活动过程有两个目的：一个是让幼儿更多适应集体教学的方式，另一个是培养幼儿基本的学习品质，如相互聆听、说话前先举手、专注、好奇、乐思等。

幼儿能学到什么？

（1）做好准备的意识与习惯

在活动开始之前或者前一个活动结束的时候，教师都会提醒幼儿上厕所、洗手、喝水，为集体教学活动做好准备。在教师不断地提醒下，幼儿应该自己养成活动前做好个人生活准备的意识和习惯。这样就起到了既照顾好自己的作用，同时又不会因为在活动过程中需要上厕所、喝水而打断活动甚至影响其他的小朋友。

（2）规则意识

在活动中开始养成基本的规则意识与习惯，例如，不随便离开座位、说话前先举手、相互聆听等。基本的规则是保障集体教学活动正常进行的必要准备，也是幼儿在活动中基本的行为规范。养成良好的活动规则与习惯有利于形成良好的学习氛围和习惯，从而有利于学习的持续、深入进行，另外也是形成积极学习品质的必要前提。

（3）学习品质

在活动中除了需要遵守基本的活动规则从而养成基本的规则意识与习惯之外，更重要的是培养幼儿良好的学习品质，例如，学会倾听、好奇乐思、喜欢探究、合作分享、集中注意力等。在集体教学活动中，教师通过问幼儿感兴趣的问题激发幼儿好奇乐思，通过游戏化的教学方式让幼儿去亲身体验、探究，最终培养其对现象的兴趣、对知识的兴趣、对探究的兴趣等，为小学阶段的学习奠定良好的品质基础。

（四）自主活动

自主活动主要是围绕一定的主题和任务，幼儿在相应区域开展的自由自主的活动，主要包括小组活动、区域活动、户外自由活动。进行自主活动时，首先会有一定的主题或者任务，并不是完全自由放任，教师会为幼儿自主活动划定大致的活动位置，提供相应的活动材料；跟幼儿讲清楚活动的基本规则和要求；幼儿根据要求开始自主活动，与其他幼儿共同活动；最后是活动分享与小结，请幼儿对活动的成果进行分享，共同对活动中存在的问题进行讨论分析等。

幼儿能学到什么？

（1）规则意识

自主活动要建立在基本的规则之上，规则意识是保证活动运行的关键，也是幼儿在活动中化解矛盾冲突的基本依据。在自主活动开始之前，教师除了提醒幼儿遵守平时已有的区域活动规则之外，还会根据当下活动主题与任务提出相应的规则，以便幼儿知晓并保证活动的正常进行。接着，在活动中教师还需要来回观察、交流，发现有不遵守规则的行为时及时提醒、制止和教育等。在活动结束的时候还会就其中比较明显的规则问题以及执行问题进行讨论处理。这样不断重复、提醒、强调甚至是适度惩罚，从而不断增强幼儿的规则意识、强化规则习惯。

（2）社会性

在基本规则的约束下，幼儿在活动中进行交往、合作、分享。他们需要通过交往来找到感兴趣的东西，达成合作意向；通过合作来一起完成基本的任务或者感兴趣的事情；通过分享来相互学习、激发兴趣。所有这些活动都基于幼儿的社会性，同时在活动中也不断地发展他们的社会性能力。大班自主活动在选择任务和提供材料时都需要让幼儿进行社会性的交往、合作、分享。

（3）自主意识

在自主活动中，除了需要遵守规则，还需要与他人建立起积极的关系。幼儿在活动中不应总是跟随别人行动，而是自己要有遵守规则的意愿和能力，有进行交往、合作、分享的选择意愿和能力，有自己的想法和态度，有自己的贡献和价值。一个有自主意识的幼儿才会在活动中真正知道自己该做什么、该怎么做，才会获得同伴群体的尊重和赏识，才会推动活动的纵深发展。

（4）创造意识

自主活动中教师干涉较少，更多地让幼儿自主进行，使其充分发挥各自的创造性想法去完成主题相关的活动和任务。因此，在这种活动中教师也比较关注幼儿的新想法、新方法、新创意，从而激发幼儿的创造意识和才能。在不违反基本规则的情况下，教师更多的是鼓励、支持、引导幼儿的创造性想法和做法。

（五）户外活动

户外活动是自主性最高的一种活动，既包括户外体育锻炼，又包括户外自由活动。其中，户外体育锻炼也是一种集体教学活动形式，但户外自由活动并不是完全的自由，而是在一定的规则和环境约束下进行的有一定针对性的活动。幼儿园户外场地根据区域的不同具有不同的锻炼功能。

活动清单

⇨ 幼儿

- 自主选择同伴
- 自主在指定区域游戏
- 活动结束，整理好刚刚玩过的器械，带好个人物品，站队并由教师带回

⇨ 教师

- 根据安排带着幼儿到指定的户外活动区域
- 强调活动规则，尤其要特别提醒安全问题
- 在此过程中，来回巡视或者一定程度地参与一部分幼儿的游戏，或者提醒部分违规的幼儿及行为存在安全隐患的幼儿，保证活动安全有序进行
- 活动结束，将幼儿召集到一起，指导站队并将其带回室内
- 针对一些特殊情况，要引导幼儿共同来讨论、处理

幼儿能学到什么？

（1）规则意识

户外活动的自由度特别高，而且很多时候教师不一定能够一眼就看见幼儿，所以特别强调规则的重要性及其对幼儿的约束作用。在每一次户外活动解散前教师都要特别强调规则，强调在指定的区域活动，不做危害他人的事情，注意自己和他人的安全。根据活动的不同，规则会略有不同，但主要涉及安全和友好相处两个方面。在这些规则的约束下，幼儿的正常活动能够得到保证，

教师的不断重复、提醒让幼儿具有规则意识和执行规则的能力。

（2）社会性

在自由度高的户外活动中，幼儿能根据自己的意愿选择跟谁在一起玩，在一起玩什么、怎么玩，其中充满着各种交往、合作、分享活动。这是培养幼儿社会性的良好时机。一次次的活动让幼儿慢慢学会怎么与同伴群体交往，什么样的言行受同伴群体的喜欢，什么样的行为则让人讨厌；什么样的小朋友受人喜欢，什么样的小朋友受人排挤。幼儿不断调适自己的行为、语言来与其他小朋友形成良好的活动关系，从而收获喜悦与乐趣。因此，在活动中幼儿怎样交往、合作、分享与幼儿的社会性发展息息相关。

（3）基本运动技能、能力和习惯

户外自由活动中充满着大量的运动，如奔、跑、跳、摸、爬、滚、打等，这是幼儿综合运用自身运动技能的时候，也是体现幼儿运动能力和习惯的时候。在户外体育锻炼或者自由活动之前，教师都会对一些基本的运动技能进行讲解、示范、练习，让幼儿在自由活动中运用。在自由活动的过程中，教师通过来回巡视去观察、提醒一些幼儿的运动行为，以帮助幼儿改掉不良的运动习惯。户外自由活动不仅帮助释放幼儿的精力，也能够培养幼儿的基本运动技能、能力和习惯。

（4）运动兴趣

在获得一定的运动技能、能力的过程中，在同伴各种嬉戏打闹中，幼儿能够体验户外活动的乐趣，释放多余的精力，收获良好的运动体验，从而产生深厚的运动兴趣，喜欢上运动、热爱上运动。一个对运动有兴趣的幼儿，才会更多地参与到运动中，才会得到更多的发展，从而不断获得更多的积极情绪体验，最终为幼儿终身运动奠定良好的心理基础和身体基础。因此，在户外自由活动中教师也会变换各种形式，依据不同的器械发展幼儿基本的运动能力，最后使幼儿在享受运动乐趣的过程中真正对运动产生兴趣。

（六）午睡环节

午睡是全日制幼儿园的一项基本环节，是保证幼儿一日生活精力和幼儿身体发展的重要环节。

📋 活动清单 »»

⇨ **幼儿**

- ☐ 午睡之前，需要做好午睡的准备事项：上厕所、洗手、喝适量的水，拖鞋并将鞋子放到指定位置，脱去相应的衣服并放置好，最后躺在自己的床上将被子盖好。在此过程中应避免比较激烈的嬉戏打闹，有序进行各项活动
- ☐ 躺好后静下来听故事，并且能够很快入睡
- ☐ 午睡的过程中如果睡不着或者醒来，应注意不去影响其他人休息
- ☐ 午睡结束后，起床将自己事先放置的衣物穿好、整理好床铺、穿好鞋子
- ☐ 上厕所、洗手、喝水

📋 幼儿能学到什么？ »»

（1）规则意识

午睡环节的规则主要表现在三个方面，第一是睡前做好自己的个人准备，第二是在各种准备活动中不要嬉戏打闹、不要做危险的事情，第三是在睡觉过程中即使自己睡不着或醒来也不要去影响其他人休息。第一个原则是为了让幼儿有一个完整的睡眠，不因为一些个人事情而中途醒来。第二个原则是保证集体入睡过程中的安全。第三个原则是照顾个体差异的同时也注意保证睡眠环境，同时也是尊重别人的表现。

（2）睡眠习惯

睡眠习惯不仅和个体的先天素质有关，而且与后天的培养和环境的营造息息相关。在午睡环节需要培养幼儿的良好睡眠习惯，例如，提前做好个人的准备工作，在睡前不做过于兴奋的事情，能够持续睡眠等。另外，也需要幼儿坚持早起、按时入园，为午睡奠定良好基础。若幼儿早晨就赖床，不按时入园，午睡时就可能不困，难以入睡，从而容易影响其他人入睡。因此，午睡习惯的培养不仅需要幼儿园环境的营造，也需要家长的配合。

（3）生活自理能力

无论是午睡前还是睡起来后，都需要幼儿自己脱穿衣服，并且整理好自己的衣服和被褥，而且要知道在睡前做好自己的个人准备工作，这些都是基本的生活自理能力的体现。正如《3～6岁儿童学习与发展指南》（以下简称《指南》）中所说的："幼儿通过直接感知、实际操作和亲身体验获取经验的需要"，[1]幼儿自己整理衣服和被褥的过程就是在学习，感知自己身体与物品的关系，感知事物的空间方位与位置，有时候需要相互帮助与合作。自己能够做好这些事情，具备了一定的生活自理能力，也会感觉充满力量和自信。

（七）过渡环节

在幼儿园一日生活的活动与活动之间都会有一定的时间间隔，这属于过渡环节。在过渡环节，一般是为了留时间让幼儿处理自己的个人事情以及为下一个活动做好准备工作。例如，活动结束后，教师通常会提醒幼儿收拾好刚刚使用过的材料、物品等，也会提醒幼儿去完成上厕所、洗手、喝水等基本的生活活动，如果下一个活动需要使用一定的材料，还会提醒幼儿提前准备好下一个活动需要的东西。

---

[1] 中华人民共和国教育部：《3～6岁儿童学习与发展指南》，2012.

📖 幼儿能学到什么？ »»»

（1）准备意识

在活动的过渡环节，教师都会有相应的提醒来帮助幼儿做好个人的生活准备和活动准备，在不断提醒的过程中希望幼儿逐渐养成自己的准备习惯，树立准备的意识，知道活动之后需要做好整理工作，接着为下一个活动做好准备。具备了良好准备意识和习惯的幼儿知道合理安排好自己的时间，也会保证在活动中不中断，不打扰别人。

（2）卫生习惯

过渡环节里有几项非常重要的事情是上厕所、洗手、喝水，这主要涉及幼儿的卫生习惯，关系幼儿的身心健康。因此，在教师不断重复、强调的过程中，要让幼儿自身认识到这些基本事项的重要性，并且能够养成习惯。

（八）整理活动

幼儿园会安排专门的整理活动，一般是周五下午或者是周一上午，主要是让幼儿亲自动手来整理班级里的各种物品，清洁、放整齐等。

📖 幼儿能学到什么？ »»»

（1）整理能力

在收拾整理班级物品的过程中主要需要的就是幼儿的整理能力，怎么把物品擦拭干净，怎么把物品摆放在相应的位置，怎么把物品摆放得整齐有序，这些都是幼儿在这个过程中需要考虑和锻炼的能力。

（2）责任意识

开展整理日活动，让幼儿亲身整理班级的物品，从而建立起对班集体的归属感、拥有感，进一步建立起幼儿对于班集体的责任意识。只有对自己亲自负责的东西产生责任感,幼儿才会具有主人翁的意识,才会爱护和关心班级的人、事、物。

（3）分工合作能力

幼儿园班级物品纷杂多样,需要所有幼儿的共同参与,在共同参与的过程中产生集体感和归属感。大家一起参与则需要分工与合作,这就需要有不同的人来整理不一样的区域、物品,从而进一步在合作中分享。你爱惜我整理的东西,我也爱惜你整理的东西,大家相互珍惜各自的劳动成果,共同对班级的东西负责。

总之,幼儿园教育和学习有其自身的特殊性、规律性和系统性。幼儿园教育的内容是全面性的、启蒙性的;环境是生活性的;幼儿的学习是生成性的;对幼儿的评价是过程性的。幼儿园的一日生活是幼儿园课程的重要组成部分,每一环节都存在重要的教育契机,这也组成了幼儿的完整学习过程。因此,为更好地挖掘一日生活中的教育价值,为下一阶段儿童的发展提供支持,应正确认识幼儿园一日生活,需遵循其生活化、活动化、游戏化的基本特征及随机性、体验性、主动性、内隐性和启蒙性、差异性的主要原则。

从以上幼儿园学习和生活内容可以看出,入学准备从幼儿进入幼儿园就开始了。幼儿进入幼儿园的第一天起,就开启了同龄儿童集体生活的模式。集体生活中规则与习惯的养成是小学集体学习和生活的基础。

二、小学学习及生活

我们先来看看一所小学在儿童入学前所做的入学准备教育。

西安市××小学"Hi,我上学啦"入学体验活动方案（节选）

为尽快让一年级新生熟悉校园生活,做好幼小衔接,学校决定开学前进行新一年级入学体验活动（见表1-1）。

表1-1 入学体验活动方案

入学体验活动方案			
活动目标	1.熟悉校园环境，熟悉老师与同学，培养学生乐学的情感 2.培养学生掌握基本校园文明礼仪 3.培养学生成为一名懂文明、讲礼貌、守纪律、有孝心的小学生		
活动安排	日期	活动内容	具体内容
	第一天	组织学生休息，喝水、上厕所、排座位，编号	如厕、喝水、按规定线路行走。组织学生排队列，完成后将学生分为三组（每组约15人），分别练习如厕、喝水，按规定路线行走等内容。每天要不断训练检查以上三个项目，直至形成习惯
	第二天	队列体验、按规定路线行走、学习学校基本文明礼仪	1.队列体验 2.按规定路线行走：快速按顺序，学习教室站队、进入学校、放学路队等 3.学生不仅要知道有哪些文明用语，还应积极自觉地践行
	第三天	队列训练、复习巩固文明礼仪	1.按规定路线行走：楼道内、上下楼梯、队伍内问好 2.认识班级文化：提出本班精神文明建设对学生的要求，识记班名、班级口号，教唱班歌
	第四天	队列练习、班级常规训练	1.学生书包、水杯、凳子、文具摆放的位置，坐姿、倾听、举手发言的动作、有不同意见时怎么做 2.我会写字与读书：班主任带领学生练习写字、读书时的姿势、握笔的姿势等基本的姿势，在生字本上练习书写自己的名字

续表

	日期	活动内容	具体内容
活动安排	第五天	行为习惯体验活动	1. 认识我的新学校：学生熟悉校园活动 2. 认识我的新朋友：展示自己，认识朋友
	第六天	行为习惯体验活动	1. 让学生学会如何掌握控制声音尺度（回答问题、朗读、讨论、游戏） 2. 训练学生安全有序地开展课间活动
	第七天	行为习惯体验活动	1. 学生入学典礼彩排 2. 通知家长到学校操场观看汇报表演 3. 提醒家长告诉孩子要注意仪容仪表 4. 评选优秀学生 5. 团队成员协助分发校服、书包

从以上活动可以看出，小学生的入学准备首先要形成学校集体生活的常规，这些常规与幼儿园的生活学习既有联系，也有区别。那么，小学生的学习生活是怎样的？

（一）集体意识的建立

很多人认为，幼小衔接要让儿童做好学习准备，种种关于幼小衔接的书籍大多强调入学准备中学习习惯的养成。学习习惯固然重要，但是，作为正规义务教育的端口，集体意识是入学准备的首要任务之一。跟幼儿园模糊的集体意识相比，小学生首先要形成明确的集体观念。"我是集体中的一员"，集体荣誉、集体意识、集体行为规范是小学生应具备的不同于学前儿童的重要观念。因此，进入小学的小学生要学会适应学校这个大集体，并对自己的行为负起责任。这些集体观念是通过行为规范来获得的。《小学生守则》对小学生的行为规范有明确的要求。在小学，日常行为规范包括了学校中的日常行为规范和班级中的日常行为规范。

集体观念用心理学来解释就是社会适应，是小学生在从自然人向社会人过渡中社会态度形成的过程。集体观念在小学生入学准备中往往被忽视，以往的入学准备只关注学习准备，缺乏社会适应的准备，重视学习的认知能力的准备，缺乏行为习惯的准备，而行为习惯才是入学后学校适应的关键。

（二）学习活动

进入小学后，小学生有了繁重的学习任务，并且被编进不同的班级，班级成为孩子每天生活、学习的环境。学校中大大小小的活动经常以班级为单位组织和开展。每个班级的人数有40～50人不等，明显比幼儿园时的班额要大。在班级中，每天的主要活动包括早读、上课、写作业等，要完成各种学业任务。上课是最主要的学习活动，以集体教学为主。因此，要保证班级教学的效果，小学生必须遵守课堂纪律要求，认真听讲，保持学习节奏和行为一致。这就要求小学生必须具备相应的学习能力，如视听觉加工能力、注意力、记忆力、思维能力、语言沟通能力、运动能力、视动协调能力等。班级里也会经常有合作学习、小组学习等不同的学习方式，因此，合作和沟通能力也是必不可少的能力。为了增强学生体质，促进小学生健康成长，学校还会以班级为单位做广播体操、保健操等。课与课之间会有十分钟的休息和自由活动时间。

由于有了明确的学习任务及要求，小学生开始学会对自己的学习任务承担责任，按时完成学习任务是每天必须做的事情。小学对学生的学习进行定期评估与测试，这是为了检验小学生的学习是否达到了教育目标。

（三）校园活动

为了实现我国教育目标，促进学生的全面发展，小学设有少先队组织，并有各种社团活动、节日庆祝活动、运动会、表彰会等，小学生还有机会代表学校参加区县、省市甚至全国的各种活动和比赛。校园活动，不仅是小学生德、智、体、美、劳全面发展的重要载体，也是学生集体荣誉感、个人特殊才能得以展现的舞台。鼓励小学生积极大胆参加校园活动也是入学准备教育必不可少的内容。

三、小学学习与幼儿园学习的不同

（一）小学的学习生活跟幼儿园相比，有哪些不同？

1. 小学学习任务更加明确，且须按时完成

小学生每天按照课程安排，完成语文、数学、外语以及其他学科的学习。小学的课程标准、教育大纲和教科书明确规定了小学生学习的任务以及要达到的要求。小学生要系统学习这些知识内容，并且要按照规定参加考试以检验是否达到目标要求。在幼儿园阶段，虽然我国颁布的《指南》从健康、语言、社会、科学和艺术五个领域确定了儿童发展的内容，但是与小学相比，没有强制性和统一性。因此，虽然小学生有学习这些内容的责任，但是不是必需的，为此，小学生必须明确意识到每天的学习任务，并且要付出意志努力去完成学习任务。这就要求在入学准备时，教师和家长要培养小学生学习的责任意识，从入学开始就要关注小学生的学习态度。

2. 小学更强调集体教学

一个班大致有 40~50 人，而且大量的学科知识是通过集体活动，如上课听讲和练习的方式来进行的，集体教学需要学生有统一的行动和专注学习的能力，并且具有时间限制。即使在合作学习的条件下，也要求学生具备注意倾听的能力和按照要求进行探索学习的能力。因此，在大班额和教师主导的条件下，小学学习的规矩和要求逐渐增多，幼儿进入小学后，要有强烈的集体观念，遵守纪律，具有时间观念，按照教师要求按时完成学习任务。

3. 小学更注重间接性、思考性、主动性

小学阶段的学科知识的间接性逐渐增强，对直接经验的依赖减少，学习越来越多地依赖思考能力，这也导致幼儿园和小学学习方式出现"断层"，如何

尽可能地将借鉴直接经验和培养思考能力结合起来，以适应小学的学习方式，发展学习能力，是入学准备的另一重要方面。

此外，与幼儿园阶段相比，小学的业余活动时间自主性更强，需要小学生有良好的行为规范和自我管理的能力。在幼儿园，所有的活动都在教师的组织、指导和监督下完成，儿童只需要遵从老师的指导，按照教师的要求去做，并且，保教人员会时刻观察儿童的自主活动以保证儿童的安全。小学阶段最常见的自主时间是课间十分钟，小学生按照自己的需要休息和活动，没有教师的密切监控，小学生需要在课间十分钟时间内完成准备学习用具、去洗手间、喝水、自由玩耍、自主休息等活动，并自觉遵守学校的各项规定，如按时进入课堂、课间不打闹、排队上厕所等，这些活动都要求小学生有高度的自觉性和自主性。

4. 小学更重视学习习惯的养成

在习惯培养方面，幼儿园更注重儿童生活习惯的培养，如饭前洗手、出入排队、按顺序如厕、午睡自己穿脱衣服、整理自己的物品等。而小学阶段更重视学习习惯的培养，在幼儿园培养起的良好生活习惯的基础上，小学生要养成良好的学习习惯。例如，上学前准备自己的学习用具；上课认真听讲，积极发言；认真且按时完成作业、书写整洁；学习结束整理好自己的学习用品。自己的学习物品自己爱护自己管理、自己的书包自己整理自己背、自己的作业自己完成自己检查、自己的学习任务自己执行自己负责。

（二）小学生初入学常见的问题

1. 上课注意力不集中

刚入学的小学生最让老师"头疼"的是上课无法长时间集中注意力听讲。老师们无奈地说，"一堂课前 20 分钟孩子们还能安静地听讲，之后就坐不住了，好像各种信息接收通道突然关闭，说话、吵闹、教室里乱跑，怎么管都管不住……"这个阶段的小学生，有意注意时间有限。在幼儿园，由于教育内容和形式不同，幼儿有意注意的时间要求相对较短，教师需要通过多样化的教育活动不断地转换注意的内容。可是到了小学，在传统课堂上，由于学科知识教学的需要，往往一节课40分钟，大多数时间要求孩子注意倾听老师的讲解和指令，按照教师的要求完成学习任务，对于注意力有限的孩子来说，开始会很不适应。特别是对善于表达的儿童来说，由于过分注意自己的表达，他们注意倾听的能力没有被很好地培养起来，再加上面临新的教育环境，更容易导致上课注意力难以集中的问题。

2. 拖拖拉拉，边玩边学

刚入学的小学生在幼儿园阶段以游戏教学为主要教育形式的影响下，还不能把学习与游戏很清晰地区分开，学习的责任意识没有培养起来，专注学习的习惯还没有养成，因此，在完成学习任务时，往往会表现为拖拖拉拉，边玩边学。在课堂上，表现出一边听讲，一边玩弄手边的东西，跟身边的同学说话，做作业时一边写一边玩，容易分心；完成家庭作业时，也是学一会儿玩一会儿，吃东西、喝水等，在完成学习任务时，不断做与任务无关的事情。

3. 书写能力不足

入学不久的小学生，就开始有了书写拼音的任务，大多数小学生书写时很难按照要求写得整齐、漂亮，并且书写速度很慢。书写是一种精细动作，要求视动协调的能力、小肌肉控制的能力。到了小学，这种能力还在发展中，加之幼儿园没有书写任务要求，如果在幼儿阶段，没有利用各种机会练习用笔的能力，控制笔并按照规定在有限的格子里书写就是一项比较难的任务。

4. 规则意识不强，执行控制能力差

从幼儿园到小学，儿童生活发生重要变化，小学比幼儿园有了更多的、与幼儿园不同的规则要求，并需要小学生在没有父母和老师监督的情况下自觉遵守学校各种规则，特别是时间观念和课堂纪律。与幼儿园的孩子相比，小学生要有严格的时间观念，按时到校，不迟到早退，严格遵守课堂纪律要求，令行禁止。大多数小学生在入学后一个月基本能够适应小学的规则要求，但也有部分学生需要更长的时间。这与儿童抑制功能的发展有关系，也与家庭的教育教

养密切相关。如果孩子在家庭中被过分溺爱，缺少对自己的行为负责方面的家庭教育，会表现出缺乏自我管理能力、缺乏秩序感，往往需要更长的时间适应学校的规则要求。

5. 缺乏自我管理与约束能力

很多教师反映，新入学的小学生还不能理解什么是"上学"以及上学要干什么。有趣的是，问新入学的小学生什么是上学时，他们会回答"上学就是背书包去学校"。到了学校不知道要做什么，直到老师发出指令让干什么才干什么。其实这一点都不奇怪，因为在幼儿园阶段，儿童的一切活动都是在老师的引导下开展，他们习惯了等待老师的指令，而不是按照惯常要求自我管理。

6. 入学焦虑，情绪不安

面对陌生的小学环境和新型师生关系，以及家长参与度的减少，初入学的小学生会产生一定的学校恐惧，表现出不愿意去学校的焦虑情绪。特别是有些在幼儿园阶段被过度保护的孩子，这种焦虑情绪更突出。即便是到了学校，也表现出情绪上的不安，比如老师稍微要求或者批评就会哭闹不止；跟同学发生一点点小小的摩擦，就伤心大哭；理解不了老师的教学语言，作业没有写好或者完成不了，也会伤心落泪；不愿意参加集体活动，在集体中表现不佳就会情绪不安，等等。

四、我国的教育目标与发展规划

我国幼儿园的教育任务是"实施德、智、体、美等方面全面发展的教育，促进幼儿身心和谐发展"❶。而我国的教育目标是"培养德智体美劳全面发展的社会主义建设者和接班人"❷。两个目标在教育内容上是一致的，遵循着人的发展规律与社会需求。《中共中央 国务院关于学前教育深化改革规范发展的若干

---

❶ 中华人民共和国教育部：《幼儿园工作规程》，第三条，2016.
❷ 中华人民共和国教育部：《中华人民共和国教育法》，第五条，1995.

意见》指出:"学前教育是终身学习的开端,是国民教育体系的重要组成部分,是重要的社会公益事业"❶。因此,不能割裂幼儿园教育与小学教育的内在联系,也不能简单地把幼儿的入学准备仅仅固定在幼儿园阶段的大班教育中。其实,人从一出生就在接受教育和改变,更何况是系统的幼儿园教育阶段。幼儿从入园开始即可按其特有的心理发展特征接受教育,直至幼儿园阶段结束,都应当属于入学准备范畴。《幼儿园教育指导纲要(试行)》中明确指出:"幼儿园教育是基础教育的重要组成部分,是我国学校教育和终身教育的奠基阶段,城乡各类幼儿园都应从实际出发,因地制宜地实施素质教育,为幼儿一生的发展打好基础"❷。小学阶段的教育,更加强调了作为社会人的发展目标,要成为社会主义事业的建设者和接班人,明确了为谁培养人的问题,以及人发展的社会性问题。因此,进入小学后,在促进人身心和谐发展的基础上,人的社会性发展成为主要的目标。

---

❶ 中共中央 国务院:《中共中央 国务院关于学前教育深化改革规范发展的若干意见》,2018.
❷ 中华人民共和国教育部:教育部关于印发《幼儿园教育指导纲要(试行)》的通知,2001.

理论导航

儿童发展相关理论解析

《指南》指出:"幼儿的发展是一个持续、渐进的过程,同时也表现出一定的阶段性特征。每个幼儿在沿着相似进程发展的过程中,各自的发展速度和到达某一水平的时间不完全相同。要充分理解和尊重幼儿发展进程中的个别差异,支持和引导他们从原有水平向更高水平发展,按照自身的速度和方式到达《指南》所呈现的发展'阶梯',切忌用一把'尺子'衡量所有幼儿"[1]。帮助儿童完成从幼儿园到小学的适应与入学准备,最主要的是要依据儿童身心发展的规律以及我国人才培养的目标。

1. 皮亚杰的认知发展理论

让·皮亚杰是儿童心理学、发生认识论的开创者。他开辟的心理学研究新途径对当代教育改革也产生了重要影响。皮亚杰认为,儿童的认知发展,包括对事物的认知以及在面对问题时的思维方式及表现,会在适应不同环境的过程中,随着年龄的增长而有所改变。而且,他认为的认知发展是一种结构式的发展,从而区分出了四个不同却又相互依存、依次递进的心理发展阶段,且每一个发展阶段的认识具有独立性和特殊性,有其年龄节点的特殊特征。阶段与阶段之间又存在严格的秩序性分布,不可以被超越和互换。因此,在皮亚杰的认知理论中,幼儿的心理发展过程就是认识连续性发展且具有阶段特征的过程,但每一个人由于受到自身因素、社会环境因素等方面的影响会产生认识发展阶段的加速或减速情况,这种情况影响了认知发展的速度,但并不会对认知发展的顺序产生影响。按照皮亚杰对幼儿年龄阶段的划分,幼儿园阶段儿童的心理年龄大致为3~6岁,属于前运算阶段,而小学儿童的心理年龄大致

---

[1] 中华人民共和国教育部:《3~6岁儿童学习与发展指南》,2012.

为6～12岁，这个年龄段的儿童属于具体运算阶段。幼儿园与小学阶段的儿童心理年龄不同，表现出来的心理特征也不同，这就决定了幼儿园教育与小学教育的差异性。处在从前运算阶段向具体运算阶段过渡期的小学生，表现为开始摆脱现象的束缚，逐步获得了逻辑性，具备了学习抽象知识的能力，开始具备观点采择能力、思维的客观性发展能力，同时，其道德的发展也逐步脱离自我中心，向他律道德阶段发展，能够服从外部规则，接受权威指定规范。这就为儿童发展集体意识和遵守社会规范奠定了认知和道德基础。在皮亚杰的理论中，他也非常强调关于认知发展的几个基本概念：图式、同化、顺应和平衡，以更有针对性地说明认识的发展过程是秩序化、条理化和结构化的。因此，儿童的发展过程从整体上有规可循，是一种由量变到质变的前进性发展过程。初入小学的小学生正处在这个发展进程中。作为老师和家长，了解儿童身心发展的基本特点对帮助儿童入学后顺利过渡特别重要。但是正如皮亚杰所说，儿童发展的速率是不同的，同是5～6岁的儿童，其认知能力的发展差异却很大，因此，老师和家长要根据每个孩子的特点和差异给出正确的指导。

2. 维果茨基的心理发展理论

维果茨基是与皮亚杰同时期的心理学家，探讨了发展的实质，但不同于皮亚杰认知发展的观点，他的理论更加强调文化、社会对儿童认知发展的影响，他的心理发展观建立在文化－历史发展理论的基础上。他认为，所谓心理的发展就是指一个人的心理（从出生到成年），是在环境与教育影响下，在低级的心理机能的基础上，逐渐向高级的心理机能转化的过程。他认为，人特有的心理机制，尤其是高级心理机能，不是从内部生发出来的，只能产生于人与人的交往之中，而且人特有的心理过程是先从外部活动中形成，受人类文化历史等因素的制约，随后才转移至内部，成为人的内部心理结构，从而成就不同阶段独特的内部思维方式。而其借助的工具，可以是物质的，但更多的是来自精神的，如语言、符号等。也就是说，这个过程不仅仅可以靠教学手段，也需要借助日常生活场景、游戏、劳作、与人交往等来实现。教师和家长都是儿童的外在环境因素，儿童通过与教师和家长的交流互动，形成他们自己的思想、知识和认知。因此，交往和交流是儿童学习的主要途径之一。

维果茨基在儿童的发展问题上还提出了"最近发展区"的重要教育理论。他认为,正式的教育以及其他社会化的文化形式,是引导孩子长大成人的关键,教育也应该走在儿童发展的前面,但是必须遵循最近发展区的重要原则。即重视儿童发展的两种水平:一是现有的发展水平,二是在有指导的情况下借助成人的帮助可以达到的解决问题的水平,或是借助他人的启发与帮助可以达到的较高水平。这两者之间的差距,就是"最近发展区"。这一理论观点对当前幼儿园教育向小学过渡过程中出现的小学化问题有重要指导作用。

3. 哈克"断层理论"

关于幼小衔接的问题,德国哈克教授在其研究基础上提出了断层理论。他认为儿童从幼儿园升入小学面临六个方面的断层问题,分别是与教师关系的断层、学习方式的断层、行为规范的断层、社会结构的断层、期望水平的断层和学习环境的断层。幼儿园教育和小学教育的差异性不同程度地表明这种断层的存在。这些断层是由多方面因素造成的,既有儿童发展的因素,也有教育环境变化和复杂化的因素。教师和家长必须意识到幼儿园和小学是性质不同的、有联系但又有本质区别的两个阶段,师生关系、学习方式、行为规范等都需要重新构建,才能有效地解决儿童在不同阶段过渡过程中会遇到的断层问题。

4. 斯金纳的强化理论与程序教学

强化理论是美国心理学家和行为学家斯金纳提出的一种学习理论,其基本观点是对一种行为的肯定或否定的后果(奖励或惩罚),在一定程度上会决定这种行为在今后是否会重复发生。根据强化的观点,他又提出了程序教学的思想,把学习和强化紧密结合起来,促进学习效果。在入学准备教育中,儿童的很多行为习惯和学习习惯的培养,在起初都要通过强化的方式来实现,直至形成习惯,内化为儿童内在的行为系统和态度观念。关于强化的有效性,该理论提出了一系列原则:如明确要强化的行为、尽可能采用正强化❶、小步子前进、及时反馈,等等。当然,在运用强化理论的同时,要注重发挥学生的积极主动性。

---

❶ 正强化:当儿童出现好的行为时予以奖励,以增加该行为出现的频率。

第 2 节

儿童入学准备教育策略

儿童发展是一个连续的过程,结合幼儿园和小学教育实际,入学准备工作应遵循儿童发展及教育的规律,具体要从以下方面入手。

一、如何开展入学准备教育

(一)遵循儿童发展的自然规律

3~6岁是我国儿童接受正规教育的初始年龄阶段。儿童心理学对该年龄阶段的发展规律有诸多探讨,揭示了儿童身体发展、能力发展、语言发展等特征与规律。依据皮亚杰发生认识论的观点——儿童的发展依赖于成熟,维果茨基的"最近发展区"的观点——现有水平与可能的发展水平之间的差距,以及第二讲提到的视、听、动学习和第三讲提到的其他认知能力的发展,都在告诉老师和家长要根据儿童在此阶段的发展特点和规律为其提供学习和发展的内容。

(二)早准备、早衔接

很多人认为幼小衔接是从幼儿园大班开始进行与小学一年级的衔接。其实,儿童发展是一个连续的统一体,入学准备贯穿在幼儿园教育的始终。比如,幼儿神经功能抑制性的增强,为其控制和约束自我能力发展奠定了生物基础。幼儿的主动性、自主性也在长期的幼儿园生活和学习中逐渐发展,这为进入小学阶段的学习奠定了重要的认知和社会性发展的基础。很多小学生入学后"管不住自己",行动无约束,其实是由早期教育中忽视规则意识造成的。幼儿已进入幼儿园,这意味着进入一个集体环境中,开始了集体生活,在集体中培养集体活动的规则意识，例如本讲第一节列出的一日活动，处处都有规则，因此，到了大班，幼儿已经能够按照规则要求开展部分的自主活动，而非在教师的监控下进行。这样，进入小学后就很容易按照小学的规则和制度学习和生活。如果幼儿在幼儿园阶段没有形成规则意识，到了小学往往就会出现上课说话、做小动作、违反纪律等不良行为。

（三）双向衔接

1. 自下而上的衔接

幼儿园教育要针对小学教育的特点做出反应。作为幼儿园老师，要明确小学学习生活的特点，特别是小学一年级学习生活特点。在一日生活中，从保育逐渐过渡到学校教育，从生活习惯的培养逐步过渡到学习习惯的培养，从个体身体健康发展逐步过渡到身心健康发展、从尊重个体到培养集体意识，都需要科学衔接。

2. 自上而下的主动衔接

小学低年级教育要针对幼儿及幼儿园的教育特点做出反应。例如，初入小学，一年级课堂教学要突出活动化的特点，注意动静结合；教师要利用强化原理帮助学生树立良好的遵守班级和学校规范的意识，等等。

（四）兼顾学习准备和行为准备

作为小学老师，不能只把重点放在学习成绩上，良好的学习行为习惯的培养才是好的学习成绩的保证。著名人格心理学家埃里克森把小学阶段（6～12岁）的人格的主要危机看作"勤奋对自卑"，认为小学阶段最关键的任务是培养勤奋学习的好习惯，好的学习习惯才能保证学习上的成功，从而获得自我满意感，人格才会向着良好的方向发展。勤奋学习的良好行为习惯也是儿童进入更高阶段学习，获得成功的重要保证。因此，在小学入学准备教育上，要把学生认知发展与行为发展看作同等重要的任务。

二、入学准备需衔接哪些内容

很多关于入学准备的观点都强调儿童的知识准备和认知发展，把知识学习看作入学最重要的准备，总是想让孩子先"聪明起来"。似乎聪明了，学习就好了。其实，认知发展才是掌握知识的基础能力。认知发展是一个连续的过程，关乎儿童的基础学习力。儿童入学的**基础学习力包括视觉能力、听觉能力、运动能力，也包括注意力、观察力、理解力、推理能力、表达能力、书写能力、加工速度、执行控制力等**，将在第2讲和第3讲予以重点介绍。

同时，儿童在入学后面临的新境遇，是更加突出的学校教育中的集体意识、规则意识和责任意识以及良好学习习惯的养成（见图1-1）。基础学习力固然重要，这些能力在儿童入园时就已经在逐渐发展。良好的学习习惯培养也是入学准备重要内容，从良好的生活习惯过渡到良好的学习习惯，是幼儿园教育向小学教育的重要过渡。如上所述，集体意识是小学生进入小学后重要的学习内容，儿童发展起来的集体观念、集体荣誉感将推动其社会化发展，进而成为重要的学习动力。规则意识和责任感都在小学学习中扮演着重要的角色。

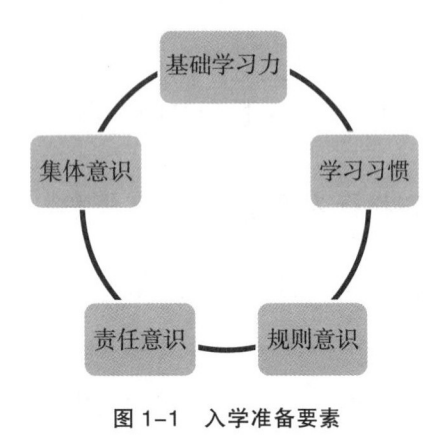

图1-1 入学准备要素

给教师的建议

对于幼儿来说，进入小学是孩子成长过程中的一个重要转折，帮助孩子做好入学准备，顺利渡过这一转折，大部分要依靠幼儿园和教师等幼教工作者的系统性策略支持，尤其是一线教师，更是承担着重要的责任和寄托。

1. 提高幼儿的生活自理能力并适当放手

根据幼儿的年龄和心理特点，幼儿对教师的依赖程度较高，无论是集体活动、户外活动，还是吃喝拉撒，都在老师的照顾和帮助指导下进行。而进入小学之后，管理模式的变化和生活中更多的活动要求小学生学会自我管理。因此，幼儿园教师就应该借助一日活动中的入园、进餐、午睡等环节，鼓励幼儿学会自己的事情自己做，并在此过程中强化生活自理能力，使孩子在自理能力不断提升的过程中逐渐形成自立、自信、自主和主动的内在品质，并有意识地从与小学活动相似的地方着手锻炼孩子，为小学自我管理奠定基础。

2. 注重幼儿良好生活习惯和学习习惯的养成

生活教育作为幼儿园教育的重要内容之一，在幼儿的习惯养成和品质形成过程中影响甚大。从饭前要先洗手、吃饭不挑食、餐间不说话等简单要求到稍许有挑战性的按时吃饭、按时睡觉、按时起床等，这些意志品质都需要教师在一日生活中坚持培养，让孩子养成良好的生活习惯的同时，也促进其规则意识、意志品质的发展，而这些良好品质的形成也有助于儿童发展良好的学习习惯。

3. 培养幼儿优秀学习品质

学会聆听、好奇乐思、喜欢探究、合作分享、注意力集中等优秀学习品质主要是在集体教学和自主区域活动中形成的。在集体教学活动中，教师向幼儿提问感兴趣的问题激发幼儿好奇乐思，通过游戏化的教学方式让幼儿亲身体验、探究，以丰富的活动内容和形式培养幼儿对现象的兴趣、对知识的兴趣、对探究的兴趣，为小学阶段的学习奠定良好的内在品质基础。

4. 积极关注幼儿的社会与情感能力的发展

教师在设置幼儿活动时要保留较高的自由度，能让幼儿根据自己的意愿对活动内容、合作伙伴等进行自由选择。这个过程充满着各种交际交往与合作分享，是培养幼儿社会性的良好契机。这些活动能够让幼儿逐渐学会怎样与同伴群体交往，正确看待自己在活动中的角色定位，并不断地进行行为调适，从而获取交往、合作、分享等带来的社会性发展成果。

5. 帮助幼儿了解新阶段的小学教育

这个策略更适合幼儿园大班教师。教师要根据幼儿对小学感兴趣的热点问题和幼儿自身发展需要，利用集体教学活动或区角活动，选择合适的内容，或文本，或活动，如"到小学去""我是小学生""我要从幼儿园毕业了"等各种形式，让幼儿在活动中展开情感体验，感受长大了的自己即将迈入新阶段的事实，对小学教育有一定程度的认识和理解，从而为顺利进入小学生活做好准备、打好基础。

6. 家园密切合作

教师借助各种"入学准备"的主题活动，向家长介绍该主题的意义、内容以及具体安排，同时要向家长说明需要家庭配合的工作，如养成有规律的生活起居习惯；让孩子自己整理所需物品，锻炼其生活自理能力；密切关注幼儿的心理变化等。家长和教师密切配合、共同努力，为孩子进入小学做好各方面的准备工作。

给家长的建议

孩子进入小学对家长来说是一件既兴奋又担忧的事情。兴奋的是孩子长大了，开始了新的学校教育的旅程，担忧的是孩子能否取得好的学习成绩，能否成为一名优秀的学生。在入学准备上，家长往往只知道在物质上给予充分的准备，比如买好的学习用具、书本、课外书籍，也有的家长早早为孩子报辅导班提前学习，做好知识准备，而常常忽视其他方面的准备。因此，家长除了要从自身观念、知识、策略等方面进行自我提升之外，也要以实际行动影响孩子，在日常生活中帮助孩子顺利过渡到小学阶段。

1. 知行合一

幼儿阶段家庭的作用在一定程度上比幼儿园的教育功能还要重要，父母要明确自己的角色定位，对儿童有正确和积极的认识，尊重幼儿的身心发展规律。同时也必须树立父母的榜样形象，保持积极乐观的心态。例如，在家庭中营造读书气氛，多与儿童进行分享阅读，激发儿童对于阅读和学习的兴趣；在生活和人际交往方面，家长都是幼儿模仿的对象。

2. 制定合理的认知发展对策，提高参与度

要坚持在家庭生活的点点滴滴中去培养儿童的学习习惯和学习兴趣。家长要及时纠正错误的学习习惯，当然也要鼓励良好的学习习惯，从而让孩子树立正确的学习意识。同时，正确的学习习惯和学习方式也可以激发儿童的求知欲，提高儿童的注意力，养成思考问题和解决问题的好习惯，以更好地适应小学的学习形式和方式。另外，家长也要积极和有效地参与到语言、阅读、读写等相关知识活动中，通过提高自身的参与度来支持入学准备，而这个努力将对两个教育阶段都产生至关重要的影响。

3. 端正心态，正确看待儿童的全面发展

当下的80后、90后父母在教育理念上相对都更加科学和理性，学习成绩

只是儿童发展的一部分，他们更注重孩子身体、心理的健康发展。因此，首先要养成健康的生活方式、行为习惯，让幼儿拥有强健的体魄迎接更加繁忙的小学学习生活。其次，面对更加有规章有纪律的小学生活，难免会出现学业内容增多、幼儿压力加大等问题，家长则需要培养孩子的抗挫折能力，及时了解和关注新的教育阶段可能会出现的问题和挑战，密切关注幼儿的情绪情感变化，进行有效的心理疏导。采取积极策略培养孩子的独立性，树立孩子的自信心，增强他们的心理承受能力，以正确的教育方式助力儿童顺利过渡，而避免过分溺爱孩子，影响他们对各种困境的正确认识和处理。

4. 家、园、校和社会协同合作

在两个教育阶段的过渡过程中，家庭、幼儿园、学校、社会等每一个相关主体都要参与其中。家长要加强合作意识，广泛听取建议，积极参与学校与老师倡导的相关活动，并给予有针对性的解决方案。另外，家长也要正确看待社会上纷繁复杂的辅导机构，避免盲从。

总之，从家庭层面上，家庭中的每个成员都应更加细心观察幼儿，重视他们进入小学初期阶段后的种种表现，并在适当时机给予一定的帮助，保障后勤工作的整体质量及时效性。与此同时，也要主动对幼儿心理进行不同程度的疏导，以便能够让幼儿更快地融入小学的全新环境中。

第 2 讲

视听动能力：
基础学习力的生理准备

刘骋

第 1 节　神奇的视听动课堂 / 39

第 2 节　基于视听动课堂的干预 / 44

第 3 节　视听动能力如何形成基础学习力 / 50

第 4 节　提高视听动能力的策略 / 56

> **导 读**
>
> 儿童身心发展的规律决定了其接受教育的能力。儿童视听动能力的发展规律,决定了儿童早期学习准备。视、听、动三项能力是所有人学习的通道,我们眼睛看到的东西,用听来的声音将它命名,用感觉和动作体会身体感受到的信息。这三种基础认知能力在我们脑子里,逐年叠床架屋,交互作用,产生对相同世界的不同认知。
>
> 因此,幼小衔接,不是知识的衔接,也不仅仅是学习习惯的早期衔接,还包括基础学习力的早期衔接。了解视听动能力的发展规律及其培养方法,是幼小科学衔接必备的知识。本讲将带你走进"神奇的视听动课堂"。

第1节

神奇的视听动课堂

一、学习能力——孩子入学准备的关注点

从许多家长的角度来看,养育孩子有两个维度。其一,养:孩子要身体健康,从小养好,吃得饱睡得好。儿童出生后的饮食营养、食品安全、生病用药、有机食品、儿童推拿等都是热门的话题。其二,育:给予足够的知识与内容,提供好的学习环境,这包括选择早教机构、才艺班、幼儿园;从小培养孩子的阅读习惯,从黑白书卡到绘本教学;从小培养孩子的综合素质,从美术、音乐、儿童领导力、英文演讲到"幼小衔接"班,把一年级的课业在大班都学一遍,就怕上小学"输在起跑线"。

很多家长养育孩子的公式可归纳为:身体健康+优质的教学内容=顺利的学习。但实际是这样吗?

虽然家长花了很多的心思,四处奔波送孩子上各种班课,买了各种各样的教材,但并不是每一个孩子的学习都那么顺利。入学后,疯狂流传家长陪孩子做作业的话题,孩子写作业拖拖拉拉、不专心、学习效率低、调皮捣蛋、学不会、不听话等问题层出不穷。家长的钱并没有少花,更没有少费心思,但是效果并不明显。面临这些问题时,家长找补习班,请家教给孩子补课,但会发现效果不显著。某知名补习班老师曾说过,20%的孩子是本来就非常好的孩子,是免费都会让他们来学习的,这些孩子是拿来打广告的,另外20%的孩子是教一教会有进步的,有近60%的孩子是来"交学费"的。这不禁让我们反思,我们培育孩子的公式中,是否缺少了什么?

让我们回到幼小衔接的主题,到底什么是幼小衔接?幼小衔接不应该是在

大班报个班把一年级的拼音和数学做一遍。很多孩子在没有完全理解或吸收的情况下，还是可以通过反复的练习把这些内容做出来，因为一年级的教材知识面相对简单，足够的重复的确可以应付得来，但二三年级的教材内容需要更深层次地理解，不单单是靠重复练习。

真正让孩子顺利衔接到小学，重要的是让孩子在入学前能**说 6 岁的话、写 6 岁的字、有 6 岁的理解、做 6 岁的数学，还要能遵守 6 岁的规矩**。如果一个孩子要上一年级了，但是只有 4 岁的能力，再好的老师，再会教的家长，都教不会一个中班能力水平的孩子一年级的教材内容。不要说 2 年的年龄差距，就是在同一班级内 9 月出生的孩子和次年 8 月出生的孩子面对同样的教材内容，可能在学习难度上也会相差一整年，通常 9 月出生的孩子在班上学习就比较轻松，而次年 8 月出生的孩子相对就会学得比较吃力。所以在一个班级里，同样是生理健康的孩子，并不代表其能力都相同。虽然教材难度一样，但孩子是否具备处理这个难度的教材的能力？因此，不一样的学习能力成了学习与行为成功与否的关键。

二、能力欠缺——不专心、没自信、习惯不好的迷思

教师和家长都知道，孩子一定要注意力很集中才学得会。但是如果我们观察孩子的成长过程，就会发现孩子是学得来的东西比较容易专心，学得会的内容才会学得比较久。专注力只是表象，我们要解决的并不是专心的问题，而是能不能学的问题。所以才会有孩子听故事很专心，但写作业不专心，或者有些孩子做数学很专心，一到写作文就不专心的问题。还有孩子做自己的功课永远都不积极主动，但是教弟弟妹妹做功课却非常积极。**因此，在我们不讨论教材内容和教材难度时，就无法讨论专注力**。不是专心就会了！我们成长过程中都有觉得作业很难的体会，可是为什么两年以后再回来看今天的功课就觉得很简单？并不是因为我们专心了，而是因为我们的能力成熟了。

家长常常挂在嘴边的是，要培养孩子的"专注力""学习兴趣""自信心"，认为这些都是孩子学得来，学得比人家快的原因。学习态度与习惯的养成固然

重要，但并不代表态度好、习惯好就等于学习好、效率高。和学习效率关系最密切的有两个因素：一是智力，这取决于基因和遗传，我们很难改变；二是能力，取决于后天的环境刺激。当孩子的能力不足以应对教材难度时，学习是事倍功半的；当孩子的能力超过教材难度时，学习才会事半功倍。

当能力没有进入家长的育儿公式中，家长就会对孩子的表现产生各种误解，想要在学习方法，甚至生理层面找答案。例如，孩子写作业不专心，家长急着去训练专注力，有丢沙包、捡豆子等；或怪罪大脑因为"感觉统合失调"而缺乏专注力，通过训练平衡、摆荡、溜滑板车尝试解决，甚至被诊断成注意力缺陷多动障碍（ADHD，也称多动症或过动症），要使用药物治疗。但是不专心就像孩子发烧一样，它是症状（Symptom）而不是病（Disorder），要处理发烧必须找到根本原因，而不是一直给孩子吃退烧药。孩子的大脑没有问题，只是因为他在发育的过程中缺少了刺激，某些能力没有完全地"开窍"。

"七坐八爬一岁会走路"是每个家长都知道的儿童动作发展规律，但到了1岁以后，儿童的学习变得更复杂，家长不知道以什么为儿童发育的标准。通过刘弘白博士从1979年至今的行动研究，超过40年的数据累计，可以看出**孩子的语言表达、写字工整度、阅读理解、数学、逻辑条理等能力是否达到同年级水平取决于孩子的视、听、动能力是否达到同龄孩子的标准**。

三、先衔接能力，才能衔接学习

"视、听、动三项能力是所有人学习的通道，我们眼睛看到的东西，用听来的声音将它命名，用感觉和动作体会身体感受到的信息。这三项能力在我们脑子里，逐年叠床架屋，交互作用，产生对相同世界不同年龄的认知。"

（一）听知觉功能

儿童形成语言能力的开端是听觉，从"妈到妈妈，到妈妈抱抱，到妈妈我要你抱抱"，随着听觉功能的成熟，孩子学会了声音的分辨以及声音的记忆。每天一点一滴的听觉刺激，如唱歌、听音乐、说故事，逐渐增加了儿童听觉记忆的长度，使得能够模仿的句子长度变长。当听觉功能没有达到同龄孩子的标准时，会听了前句忘了后句，听到后句忘了前句，更不要说有没有理解了，孩子连听都听不完整时（输入，Input），更不要想去加工或处理听的内容（加工或处理，Process）。因为无法听完整，所以无法进入理解的阶段。另外，如果记不住别人说的话或自己背过的词汇，能够表达的词汇量自然就少，语句也就不够丰富。

入学后孩子的背诵能力、辞藻语汇的丰富度、说句子的长短，都来自听知觉功能的发展。当老师一句话讲得太长或是步骤太多时，如果孩子听知觉能力不足，就很容易不专心。

（二）视知觉功能

孩子通过视觉器官接收信息，产生对外界人物和事物的记忆与辨别，形成了"知"。听来的只是一个"音符"，例如"猫"只是个声音，英文叫"cat"，法语又是另一个符号，但"知"或"理解"是因为看到并摸到这个动物，才和这个音符产生了连接。视觉记忆能力和辨识能力在幼儿成长过程中不断发展，从简单的区分到繁杂的辨认，从辨识爸爸和妈妈到区分是蔬菜类还是水果类，再到区分数字与文字的线条和方向。每一天的涂鸦、着色、折纸、积木、剪贴活动，都在逐渐提高孩子对于点、线、面的处理能力，从而学会认字和写字。正是因为孩子的视知觉能力逐年增强，对于这个世界的理解才会越来越深，所以孩子造句、写作的内容才会随着能力的增长，表现出更成熟的逻辑。更是因为视知觉更成熟，才能处理越来越多的数量。当儿童的视知觉功能没有充分地发展好时，入学后在认字、抄写、阅读和理解上，就会不如同龄的孩子，常常抄错，多一笔少一划，或不爱整理与思考，学习当下年级的教材就会有困难。

入学后，孩子写字、阅读、理解、数学的表现都与"视知觉功能"有关。有些孩子抄黑板上的字，可以看一眼抄三个字，但有些孩子看三眼才能抄一个字，眼睛会很辛苦，导致孩子一到要写字、做作业时就容易不专心。理解能力不足更会让孩子的学习事倍功半。

（三）感觉动作功能

感觉动作功能或运动能力在孩子的发展过程中扮演着重要的角色，主要体现在感觉动作能力能使人获得"平衡感、方向感、垂直感、快慢感、韵律感、轻重控制、肢体协调能力"。成熟的运动能力配合着视觉能力才会控制好距离、方向，把线条掌握得越来越好；配合着听知觉能力，孩子的构音、语调、语速才会达到同龄孩子的水平。运动能力的成熟度也决定着孩子的听课行为及配合度，越小的孩子越喜欢"乱动"，活动量大，但当孩子的运动能力成熟，孩子"乱动"的现象才得以改善，配合的持久度也有所提升。这也是为什么设计幼儿课堂时要从小班的 10 分钟左右的项目换到下一个项目，到中班、大班逐渐拉长每个活动的时长，直到一年级一堂课要坐 45 分钟。随着平时的运动难度的进阶，从走、跳到拍球、跳绳、踢毽子，孩子的动作、行为及其协调性和配合度越来越成熟。许多家长在孩子的发展过程中忽略了感觉动作能力的发展，导致孩子行为的持续时间短、好动或玩法幼稚等状况。

入学后，孩子的行为及配合度，如是否能听从指令、时间观念如何都来自"感觉动作功能"。即使孩子到了一年级，但过动的样子仍然像中班儿童，在班级里很容易被贴上"多动"的标签。

因此，儿童幼小衔接能否成功，关键因素是孩子的视听动能力是否达到入学儿童的水平。孩子成长的过程中，视、听、动能力的"吸收"，与学科要求及行为标准是相辅相成的，没有好的吸收，只关注"补课"或使用"奖励与惩罚"，呈现的效果都是短暂的。孩子没有相应年龄的理解力就不会吸收相应年级的教材内容，更不会有相应年级应有的行为与配合度。顺利幼小衔接的关键点是：能力在先，课业及行为在后，能力是前脚，课业与行为这只后脚才能跟上，这样走起路来步伐才会轻快。

第 2 节

基于视听动课堂的干预

"零起点"小孩

长大就好了吗?

这是一个四年级的学生,这个孩子在幼小衔接时,学习能力没有跟上年龄,导致一年级时老师反映他有一些学习和行为上的状况,但是妈妈却抱着"长大就好了"的心态,导致这个孩子到了四年级,成了校长的"噩梦"。

几年前,应校长之邀,我到该校作了四次演讲。听完我的演讲之后,他很高兴地跑来找我,他说:"我们学校有一个四年级的小男孩让我很伤脑筋,为了不让他影响其他同学,我打算让他转学。"是什么样的问题学生,让一校之长急着做这样的决定?我对他口中那位令他伤脑筋的问题学生非常感兴趣。

上课中,老师背对着学生,忙着在黑板上抄写内容,这位小男孩在座位上闲不住,一会儿逗逗旁边的同学,见同学不理他,径直走到教室后面开始"原地踏步",老师当下虽然可以暂时制止他的行为,但对他仍无可奈何。小男孩的父亲是一名医师,曾带他去医院做过诊断,医师断定他是多动症,并让他吃药控制。

不过,药物似乎无法缓解他学习和行为上的问题。每天放学回家前,他会把当天抄写在联络簿上的交代事项擦掉,告诉父母:"老师今天没有交代功课"。隔天到了学校,再把擦掉的事项重新填写上去。交作业时,他会告诉老师:"作业放在家里没带。"此外,他还有偷窃的行为,老师、同学的东西,他都偷过，甚至当校长把他叫到校长室天天"陪他"时，他也把校长的东西拿走了。

他的行为渐渐地引起其他同学家长的抗议，校长不得不做出让他转学的决定。尽管如此，站在教育的立场上，校长仍希望帮助这个孩子。

让校长非常头痛的孩子后来转学了，不过他来到了我们的检测与训练机构。

"你叫什么名字呀？"第一次看到他时，他站在我面前，我弯下身子注视着他，并问他问题。

"啊……啊……咦？"鼓鼓的腮帮子、一脸稚气，他眼睛没看着我，一边忙着搜寻我的办公室，一边回答我的问题。回答问题时，仍不忘摇头晃脑。

他的口齿颇为伶俐，非常喜欢唱歌，他的妈妈提到他曾经得过歌唱比赛第三名。表面上，他的年龄和就学的年级告诉我，他是10岁、上小学四年级的孩子，不过，看着他的眼神与摇头晃脑的动作，我只能说，站在我眼前的，是一个5岁的孩子。

把一个"5岁"的孩子放在四年级，不难想象他会在课上做出一些奇奇怪怪的动作，打扰同学上课。我帮他测试了视动统合能力，该能力攸关孩子的写字能力，结果显示他的能力仅停留在小学二年级阶段，要一个写字能力只到二年级的孩子做四年级的功课，难怪他会拒绝，也才会想出"瞒天过海"的方式应付父母和老师，让他脱离做功课的苦海。

面对这个孩子，别人说他多动、不写作业、说谎、偷窃……我却不这么认为，甚至我也没告诉他："小朋友，功课不好没关系，品行很重要哦。"在我的观念里，我只认为他不成熟，我没有从行为治疗的角度去看，我更不认为这个孩子需要吃药来解决问题。我觉得，他只是想法不成熟才会在行动、学业、理解力上不成熟。因此，我将协助他的重点放在他偏慢的学习脚步上，而不从他的行为上去探寻解决方式。我觉得，只要将他的学习脚步调整至他这个年龄该有的水平，他的学习问题就会逐一解决。

这个孩子其实就是我们所说的"开窍晚"的孩子，如果回归孩童学习失败的原点，就是"不懂"与"不会"。当孩童学习的事物超过他的能力范围，"不懂"与"不会"的情况就会产生，如果将他们的能力提升到所处的年龄水平，问题便能迎刃而解。

这位让校长伤脑筋的孩子，运动能力只有5岁，5岁孩童呈现出来的动作比较没有规则和系统性，应该说是乱动，乱动是因为身体在探索，唯有不断地探索刺激，身体动作才会逐渐平稳、有规律，乱动的情况也会减少。有时候观察一些小狗、小猫也有这种情形，几个月大的小狗，它会不断地乱跑，活动力很强，等再大一点，它就会变得比较稳定。

这位10岁的孩子由于之前获得的运动刺激太少，感觉运动能力发展缓慢，根本达不到他实际年龄应该达到的程度，因此，父母、师长很难让他安静下来，更别说让他改变行为。于是，我为他做的教学设计的第一步就是提升运动能力。

运动训练使他具备了运动的技巧，运动能力得到提升后，他的运动方式就不会像很小的孩子，活动量也不会太大。最重要的是，老师要求他运动次数要达到一定的量时，他的持续力提高了，不会坐下没几分钟就想起来走动。另外，老师针对他写字能力不足的问题，通过跟画、仿绘的方式增强他的视觉辨识能力，当视觉辨识能力提升、达到同龄水平后，他写汉字就不会太吃力。

5个月后，再看到这个孩子，没有鼓鼓的腮帮子，给人的感觉也不像5岁小娃。"最近功课如何？"我问他。只见他挺起小胸膛，双手贴在腿上，腼腆地回答我："还可以。"这时候我心里已经肯定站在我面前的是一个四年级的孩子，我可以感觉到他的成长。一个月后，他在班上成绩名列第四名。之后，他就一直保持在班上第一名的成绩，而说谎、偷窃的行为也没有了。孩子能力的提升其实是会引发连锁效应的，当我把这个孩子的学习能力往上拉，达到四年级孩子的水平时，许多被视为不当的行为就会消失，这时他的想法不再像幼儿园的孩子，而是四年级的孩子，他自己知道做哪些事是不被允许的。

"零起点"小孩

视听动发展落后的小秦

这位妈妈找到我时，孩子已入学，是个一年级的学生。妈妈对孩子的教育问题显得很无奈，因为在幼儿园阶段，用妈妈的话说，该买的书籍、教材都买了，每天都花固定的时间扑在孩子的学习上，本希望孩子能够在入小学前多识些字，提前学习些一年级的内容，为顺利幼升小打下坚实的基础，该做的都做了，可是事与愿违……

小秦❶从小能说会道，爱唱歌、爱朗诵，自幼在赞扬声中长大，妈妈对小秦的未来也充满了信心和期许！妈妈听说现在的孩子上小学要有至少几百字的识字量，于是早早做好了预备工作。在小秦5岁时，妈妈便带回大量识字卡片，开始教他识字。刚开始的时候，小秦是可以配合的，对于一些笔画简单的字也能够比较快地记住。可没到三个月的时间，小秦就不再对这些识字卡片感兴趣了，同时妈妈也发现，小秦的识字水平也停滞不前。究其原因，一方面是因为字体复杂，笔画开始变多，小秦也过了新鲜劲儿。另一方面，越是记不住越感觉枯燥，越感觉枯燥就越记不住，这样就形成了一个恶性循环，最后小秦一共也没有认识几个字。

进入小学，需要记忆的字词数量很大。为了赶上进度，每天放学回家，妈妈都帮小秦做复习工作，然而第二天到了学校，默写的效果却不尽人意。只要是笔画稍微多一点的字，小秦总是空在那里，说记不得了。记得住的也是多一笔少一画，碰到同音异字，更是瞎套，汉字的"汉"写成"汗"，组织的

---

❶ 本书案例中的人名均为化名。

"组"写成"阻",依靠的"依"写成"衣"……妈妈百般无奈,想不通为什么有些小朋友多写几遍都能记得住,小秦却是上一行才学到的字,到下一行同一个字马上又不记得了,难道是他特别"笨"?

与此同时,小秦在课堂上的表现也很不理想。例如,40分钟的一堂课,他坐十几分钟就开始蠢蠢欲动,继而眼神和心思都无法集中在老师身上,经常开小差,玩铅笔、玩橡皮,打扰起同学来更是花样百出,调皮捣蛋,配合度差,常被老师点名批评。

眼看孩子离家长的期待越来越远,无奈之下妈妈找到了我。我们的专业检测分析师为小秦做了能力测验,结果不出所料,这孩子的听觉语言能力超前2岁,只要是背课文、唱歌、听故事都配合得非常好,但他视觉能力落后实际年龄2岁多,连数学都是用背诵的方式,题目一有变化就完全不会了。书写、阅读、语文与数学的理解都和同龄有落差,运动能力落后2岁半,同龄孩子不愿意和他玩。

视觉能力与记不住字有何关系?我跟小秦妈妈分析说,视觉能力不佳,辨识与记忆线条的效率低,就像中班孩子要写一年级的字一样。轻者写字容易粗心,重者则完全写不出字来。加上孩子还未建立起从上到下、从左到右的次序感,因此记忆字形耗时长且十分困难,感觉认字很吃力。

如何提升视觉能力,增强辨识与记忆线条的效率?我们针对小秦现有的视觉能力来安排适当的教材,通过专业教材中的点跟画、格跟画和仿绘,增强孩子的线条辨识与整理的能力,并且在其中增加难度来提高孩子眼睛的成熟度。

至于运动,小秦妈妈反映孩子整天上蹿下跳,活动量很大。我提醒小秦妈妈,"好动不等于会动"。孩子能跑能跳、跑得快、跳得高、运动量大,不一定是"运动好",孩子动的样子不够成熟,导致孩子上课坐不住,一会儿站起来走一走,一会儿在凳子上东倒西歪,所谓站没站相,坐没坐相。通常老师会觉得这是小朋友上课不配合,甚至打扰其他同学,殊不知是因为孩子只是控制不住自己,就像年龄小的孩子一样。

我们需要通过感觉动作训练帮助孩子建立成熟的肌力控制力、平衡能力、肢体协调力、节奏感和对速度的把控、对规则的理解以及与人的配合度。选择符合孩子当下能力的进阶点，孩子的玩法和动的方式才会更成熟。

经过半年训练，小秦的视觉能力和运动能力均有提升。在课业上，表现为他记字的效率明显提升，字体变得更工整了，妈妈说孩子字丑原来怎么都不肯擦掉，到现在居然主动说自己某些字写得丑一定要擦掉重写。视觉能力提升上来会体现在绘图与写字，现在要做的是把他以前不能理解的数学和语文补上来，以前能力不够学不进去，需要硬背，但现在能力提升了，学习效率就提高了。小秦的运动能力也基本达到了同龄水平，持久度变高了，配合度提高了，老师说"长大了"。

这个案例告诉我们，家长没有少费心思，但是家长不知道的是，除了学科内容、学习态度、学习习惯之外，更重要的是，要让能力衔接走在课业衔接的前面。家长不了解孩子的发展规律时，光靠让孩子反复死记硬背，填鸭式地训练会造成很多孩子的大脑发展不平衡，导致后续更多的问题。没有方向的船，再大的风都是逆风，家长不了解孩子的能力，再多的努力都可能白费。

以上两个案例告诉我们，儿童早期视听动能力的发展不仅仅要发展视觉、听觉和运动能力，也要发展学习能力。作为老师和家长，在儿童成长过程中，要通过各种家庭和学校活动，促进孩子早期视听动能力的正常发展。

第 3 节

视听动能力如何形成基础学习力

成功的幼小衔接是孩子能说 6 岁的话、写 6 岁的字、读 6 岁的书、算 6 岁的数、表现出 6 岁的行为。但说、写、读、算能力不是随着孩子年龄的增长就能具备的。许多基础学习力是在入学前长期发展和积累的。因为孩子在 0～6 岁的发展过程中，视、听、动的能力发展程度不同，所以孩子入学之后说、写、读、算的水平也不同。

一、说话能力的形成

孩子的语言发展是从模仿开始的。儿童要先通过声带、喉、舌、唇、齿发出各种音，如卷舌、气音、鼻音等，很多孩子好像都听得懂，但是迟迟说不出，也有些孩子在 2 岁左右能说，但是发音不标准，这些都与孩子的感觉动作能力有关系。当孩子的大肌肉不发达时，小肌肉也不容易发达，这也是为什么很多孩子的感觉动作能力成熟后，发音自然就越来越清晰。

从能模仿单音，到叠字、词、句，到能背诵儿歌、三字经、唐诗，在发展初期还不能称为"说"，只能称"仿说"。我们小时候背诵三字经、唐诗时，我们也没有理解，只是记住了一大堆声音而已。但为什么有些孩子背书比较轻松，而有些孩子背书就非常痛苦，差别在于孩子的听觉能力的广度。如果孩子听的能力比同龄孩子成熟，听的句长比同龄孩子长，自然仿说的能力和背诵能力就比较强。

然而，要使说的"内容"像同龄的孩子一样，必须具备同龄孩子的视觉能力。靠着视觉和生活体验才能理解，理解后再和声音产生连接。我们要看过猫、摸过猫，产生理解后才能和声音连在一起，不管是"猫"还是"cat"，声音只是音符。之所以很多孩子背书很好，但看图说话或造句却很困难，这不是因为听得不够，而是因为视觉的理解能力还没有达到同年龄孩子的水平，所以无法组织与表达出符合当下年级发展水平的内容。**说的基础能力包括仿说**（＝听觉功能＋感觉动作能力）**和语言表达**（＝听觉功能＋感觉动作能力＋视觉功能）。

二、书写能力的形成

孩子是否能书写，关键在于视觉能力与感觉动作能力是否能跟得上书写能力。一般发展正常的话，7岁就可以正常书写文字了。为什么有些孩子能认字，但写不出来或写得特别慢，字体还大小不一，歪歪扭扭，比例不正确等。如果孩子的视觉能力与感觉动作能力没达到一年级的水平，却要处理一年级的字，光靠"多练习"是很漫长的。

孩子的视觉能力会影响复杂文字的辨别与记忆。视觉辨识能力的发展通过从小接受剪贴、着色、涂鸦、折纸、拼图、积木等活动时间长且难度增长的活动刺激而逐渐形成，逐渐发展到能够写1、2、3或a、b、c，到了一年级可以写汉字，一年级到六年级的汉字难度还年年不一样。孩子在写汉字时，一个字就是一个图形，当孩子视觉能力没到7岁却要处理7岁年龄段的教材时，如果字形与字形间差距不大，会出现我们所谓的"粗心"，容易多一笔少一划，妈妈盯一盯就以为是孩子"不专心"，其实是他的眼睛还不够成熟，所以容易丢三落四。如果孩子视觉能力差距大，就会出现记不住字，甚至排斥写字的现象。

如果孩子的视觉能力强，但感觉动作能力有差距，对写字的影响会反映在字体有大有小，写字会写反，对方向、角度、距离控制不当，造成线条歪斜、笔顺不对等现象。与说话能力的形成相似，大肌肉发展不好，小肌肉也不容易发展。如果孩子写字时不能在大范围的空间内控制自己的手、腕、臂，就会造成精细动作不管怎样练习都无法达成较好的写字成效。

孩子要怎么写才能写得有内涵，从写字进阶到写作？随着年龄的增长，孩子的视觉能力也随之增长，从而对这个世界产生不同的理解。听的记忆产生了词汇，视觉的理解能力和整理能力产生内容与条理性，随着能力的成长能够写出一句话、一段话，甚至是一篇作文，从看图说话到看图说故事。为何有些孩子词汇量丰富，但没有重点或条理不清晰，而有些孩子逻辑清楚，但句子很短，没有多余的形容词，就是因为视觉能力和听觉能力发展不均衡。**写的基础能力包含写**（＝视觉功能＋感觉动作能力）**和写作**（＝视觉功能＋感觉动作能力＋听觉功能）。

三、阅读能力的形成

"阅读首先要能识字，再将一连串的文字转化为听觉的符号，加以理解的过程，这个过程就是阅读。"

汉字由字形、字音、字义组成。孩子要通过视觉记忆来认字，当脑海里出现某个字的字"形"后，经过听知觉来追溯它的"音"，通过视觉理解和生活经验产生理解，从而获得其意义。因此，当专家要求家长让孩子"多阅读"的时候，我们要知道，孩子的视、听、动任何一个能力没有达到他的实际年龄时，都会造成阅读的失败。

如果孩子的视觉能力不足，阅读的时候不认识字，就需要经常停顿，或是通过上下文来猜测字的读法，也会造成增字漏字、跳行漏行跳字的现象。由于停顿太多或不顺畅，孩子对于内容无法完全理解或阅读时间过长，导致无法享受阅读的乐趣。如果孩子听的能力不足，就算字都认识，一字不漏、字正腔圆地把句子念完了，但念到后面，句子太长或者一次念多几句时，前面念了什么也都忘记了。如果孩子的视觉能力、感觉动作能力与生活经验不足，就无法理解书本上的文字。比如说"微风吹着柳树轻微地摆荡，就像那婴儿的摇篮"，像"婴儿的摇篮"这样的词汇是用视觉理解的，但像"轻微地摆荡"要追溯到感觉动作能力上的"轻微"和"摆荡"才能理解，甚至生活经验较少的孩子可能连柳树都不认识。这些都会造成孩子的理解程度和阅读难度不匹配，导致无法完全理解阅读的内容。

孩子不爱阅读的原因有很多，并不是养成好习惯就能解决的。孩子阅读是否成功不是指孩子到了那个年龄是否会读与那个年龄相匹配的教材，而取决于孩子的学习能力是否达到同龄的标准。当孩子的视、听、动能力和生活体验不足时，再怎么要求孩子阅读也不会产生好的效果。而当基础学习力成熟、生活经验充足，达到可以配合所在年级教材难度来指导阅读的程度时，才是"阅读准备"（Reading Readiness）的理想状态（见图 2-1）。

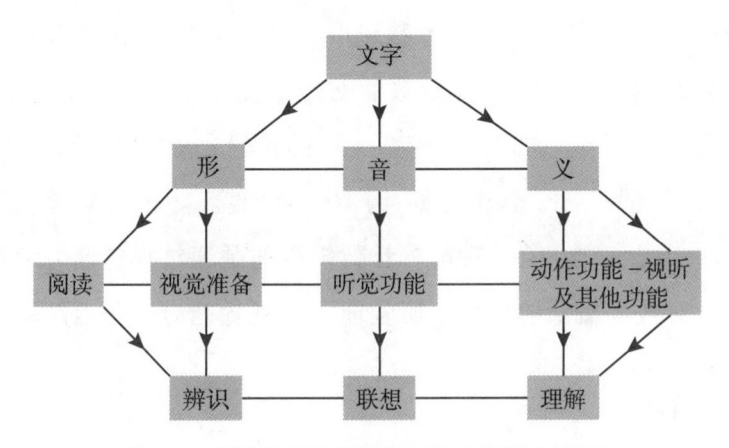

图 2-1　阅读涉及的各项基本学习功能与过程图

四、数学能力的形成

（一）唱数

孩子对数的接触来自听。当孩子能开始仿说时，我们会让孩子模仿说数字，1、2、3……10。但是孩子的初步表现只是唱数，对于数量是没有理解的，他只记得声音的次序，主要的能力来自听，模仿大人念。这个阶段，听的能力会决定背到多少数字，所以当孩子听的能力不足时就容易背错，例如，孩子会说 37、38、39、20，因为记不住数字的次序。**唱数需要的是听觉功能。**

（二）数数

对数要有理解必须配合视觉，有时配合一些动作，如数椅子、人数、手指等。当视觉对量的理解和数字的声音能够匹配得上时才产生点数的能力。当孩子的视觉能力对量的处理还不够成熟时，就会发生重数，或者是嘴巴数的与实际点的对不上，比如指着3但念到5。这些情况并不是不专心导致的，而是由儿童的基础能力未发展成熟造成的。**数数需要的是听觉功能+视觉功能**。

（三）计数

当孩子能把数字和音对应上时，接下来要学习的是对接数字的符号及加减乘除的符号来代表数量。当熟悉数量时，孩子开始把数量和1、2、3这些数字的符号对应起来，3个苹果点数后对应的是3的符号。再来两堆苹果各有3个，放在一起叫作"加"，对应"+"的符号，如果吃掉了2个苹果叫作"减"，对应"-"的符号，这个时候才产生了计算。除了对应视觉对量的理解外，还对应加、减、乘、除的理解。**计数需要的是通过视觉能力和听觉能力获得数量概念+对数学概念的理解（听觉能力+视觉能力+生活经验）**。

（四）应用题

解应用题的过程是阅读理解在先，计算在后。很多孩子会做计算题，但一到做应用题就容易出问题。问题的根源来自读的时候是否有漏字、错字、前后字读反、增字、重复、跳行、停顿等，阅读本身就已经有很大的障碍了，更不要说把阅读来的词汇转换成加、减、乘、除了。再加上数学词汇在日常生活中的使用也较少，如"剩下、除去、相差、各有、共有、剩余、总共、加上、进位、借位、被除数、商数、被乘数、乘数、积数、被加数、加数、被减数、减数、差数"等，以及长度、面积、体积、质量、时间单位大小的理解都和儿童的理解能力有关。经过阅读、理解、列出公式，最后才是计算。孩子在任何一个环节出现问题都会导致不会做应用题。**应用题的解决需要阅读理解能力+计数能力**。

初入学儿童数学学科中常见的问题：

①数字抄写错误（9+7=16 答写成 61）；

②数字抄写遗漏（39178 答写成 3978）；

③直式计算排列不正（十位与百位相加造成的错误）；

④看不懂题目：应用题句子太长，不符合孩子的阅读能力水平。

上述第①个问题和第③个问题主要是由视觉记忆不足导致的。当儿童对方向的直觉与视觉记忆广度增加后，这些错误就会逐渐减少。上述第②个问题可能是由听觉记忆能力和听觉广度较短造成，和第④个问题一样。孩子从能说出二到三个字的词，随着能力的提升发展到唱出四五个字到七八个字的儿歌是一个需要时间的发展过程，一年级的一道应用题可能一句话超过 10 个字，这时听不完整会导致做题效率非常低，连听都听不完整更不要说理解、列公式和解答了。

第 4 节

提高视听动能力的策略

一、协调视听动环境刺激

随着环境刺激的变化，孩子视听动能力的发展速率也不同。现在的生活环境有过多的听觉刺激。早上从幼儿园开始，听音乐做早操、背诵、唱歌、看卡通片，回家以后看电视、学英文、学乐器，晚上睡前要听故事、阅读绘本。一整天大约 80% 的时间都在接受听知觉和语言的环境刺激，但是视知觉和感觉动作能力的刺激相对比较欠缺。这就导致大部分孩子的能力发展不均衡，当没有按照孩子在各阶段的发展规律来教育孩子的时候，视、听、动能力的失衡就会导致一个生理完全正常的孩子有着和同龄孩子不一样的表现。这时，听知觉能力较好的孩子，应该减少听的刺激的时间占比，把时间拿来做视觉和运动的练习。

如果孩子的视觉能力还未跟上同龄的孩子，比同龄孩子或是班上年纪较小的孩子发展得慢，家长一定要重视孩子的视觉发展。在成长的过程中，从涂鸦到着色，从简笔画到能判断空间、角度、距离的素描，从简单的折纸到复杂的手工艺，从简易的拼图到复杂的积木组合或机器人编程……这些都是在刺激孩子的视觉能力，为孩子学习拼音、数学、写字奠定视知觉能力基础。

如果孩子的语言发展较慢，这个孩子的环境安排就应该以听知觉能力的提升为主，听、背、唱、读方面的刺激对于语言发展较慢的孩子都会有帮助。从儿歌、童谣、三字经、唐诗到背课文、合唱团，教材难度的选择要以孩子能力为基础做进阶，把句子长度一点点地拉长。听觉记忆能力的提升会增加孩子听句子的长度，听的内容更多，听的完整度才会提高，背诵的效率也会提高。

二、关注系统性的难度提升

在每个年龄层需要给予的刺激重点在于难度,而不完全在量。如果一个孩子的感觉动作能力或运动能力没有达到 7 岁的水平,这时候,家长需要指导孩子的不只是增加运动时间或者增加活动量,因为"量"的改变不一定能带来"质"的进步。如何让"质"提升,才是孩子能力提升的关键。视、听、动这三种能力的发展水平为什么年年不一样,主要是因为在教学中老师会不断调整对"质"的要求,教材难度太高孩子不肯配合,而太简单的刺激无法满足孩子的发展,最有效的方法是选择稍微难一点的教材来给予刺激,这时候能力才会提升。但是这对大部分家长来说比较不容易拿捏,毕竟他们没有受过专业能力的培训,没有日积月累的经验累积,所以建议家长要多学习这方面的知识。

家长如果要选择对孩子的视觉能力有帮助的辅导课,素描是一个不错的选择。虽然素描在 7 岁后才比较适合孩子学习,但在 7 岁之前家长可以找专业的画画老师教入门课程,提升孩子认识点、线、面、空间、角度、距离、方向的能力。换句话说,难度的提升可以提高能力。除了素描,手工艺、书法、硬笔书法等都可以达到一定的效果。

运动课一定要关注孩子是否有能力配合,所有的孩子都要运动,这时候不是看活动量,而是要关注能力的提升。很多家长跟我说,"我孩子每天都动个不停,还没有运动吗?"家长一定要能分辨"乱动"和"会动"的差别,如是否该配合的时候能配合,该动的时候技巧性又特别高。如果孩子都在"乱动",就要专注提升孩子的感觉动作能力,让孩子的方向感、平衡感、肌力、韵律、速度、协调性、松懈度、变化这八项能力,随着练习得以提升。孩子从小时候的滚翻、平衡木,到拍球、跳绳、踢毽子,这一系列活动难度的进阶都是为了培养每个发展阶段应当具备的能力。很多家长给孩子报了足球、篮球、橄榄球等运动项目后发现孩子技巧并没有其他孩子好,最后只是在场上跑来跑去,这时候除了锻炼体力,很难提升其他技巧,所以孩子的感觉动作能力很难进步。虽然很多运动都很好,但对基础能力有帮助的还是技巧性较高并且对感觉动作能力有针对性的运动,如乒乓球、羽毛球、踢毽子等项目,因为技巧性较高会更直接地给予孩子充分的刺激，比较容易看到孩子能力的进步。

三、视听动能力均衡发展

在每个孩子能力发展的过程中，视、听、动能力会因为环境刺激的不同而发展不均衡。越是视觉能力强、语言发展较慢的孩子越需要提升听觉能力。越是听觉能力强、背诵能力好、能说善道的孩子越需要提升视觉能力。因为现在的孩子很少像我小时候那样爬墙、爬树、跳皮筋了，很多家庭对孩子也过度保护，就算一周去上一次运动项目的课外班，运动量也偏少。因此，要将运动纳入孩子能力发展的重点之一，由此才能让孩子均衡发展，达到耳聪目明反应快的效果。

在孩子身上，我们要把由后天刺激不均衡导致的较不足的能力补充上来，这样孩子先天的大脑优势才能够展现出来。很多视觉型孩子的语言发展没有听觉型的孩子那么敏锐，背诵能力比较吃力，词汇量较少，但大环境给孩子的视觉刺激相对较少，这就导致孩子先天该有的视知觉能力也没有提升。视觉型孩子的视觉能力的逻辑条理优势没有显现出来，加上听知觉能力又没有听觉型的孩子强，就容易被贴上不专心、学不来，甚至是发展慢的标签。其实孩子在生理机能上没有任何的问题，只是在成长的过程中我们没有了解孩子先天的条件，例如，哪些是优势的，哪些是需要加强的，以及没有按照视、听、动均衡发展规律来合理安排孩子的时间会导致什么后果。

尤其到了中高年级，不管是造句、应用题、阅读理解，还是写作，都需要听知觉的辨识与背诵能力及视觉的理解、组织与表达能力。发展不均衡会造成学习效率低下。当我们通过科学的测试知道孩子的能力所在，按照孩子每年因为环境刺激而形成的不同能力来发展和制衡，按照视、听、动的发展速度来调整和安排孩子整体的时间和项目，把弱项弥补上，才会让孩子的基础学习力发展最大化。

四、能力与情绪均衡发展

孩子会因为某些能力的刺激过盛,习惯性地使用他发展较好的能力来学习,这就导致其发展不充分的能力失去更多的锻炼机会。越是视觉能力好的孩子,听内容越容易丢三落四。越是听觉能力好的孩子,眼睛看东西越容易粗心大意。一个数学家、科学家的大脑逻辑有条理、方向感清晰,但语言表达能力会相对欠缺;表现力与创作力强的演奏家、歌星,相对来说数字观念会较弱,也不会那么的理性。现在很多孩子的情绪化表现由听知觉和视知觉的发育偏差太大导致。当孩子听知觉发展太好,听太多音乐、说太多故事,充满着抽象声音的大脑会表现出感性的一面,这时候如果视知觉能力的逻辑条理达不到同龄人水平,就会显得情感丰富,但条理不足,或过于"情绪化"。有些孩子听觉和视觉能力的差距太大,甚至会表现出自言自语、发出无意义的声音、大叫等,这些都是由大脑机能不均衡造成的。

给教师的建议

1. 教师要理解儿童的视听动能力差异

一个班级里面有很多孩子,教师虽然不可能在教室里面对学生进行个别化的能力提升,但是一定要了解提升基础学习力对孩子学习影响的重要性。如果不了解能力在先,学科和行为才会跟随,我们很容易认为孩子有问题、孩子不努力、不用功、学习心态不对、没有从小养成习惯等,但其实这都没有抓到孩子问题的核心。除非我们能够做到"按学习能力分班",这样可能会改善一部分孩子的学习状态。同一年级,特别是低年级孩子视、听、动能力的水平差异很大,对有些发展不充分的孩子来说,教材难度就会变得太高。对家长而言,如果我们一直以"多练习"的教导方式来引导孩子,部分家长和孩子都会非常困惑,因为很多孩子不是多练习就会了,往往是教了很多遍还是不会。

教师理解学习能力对孩子的影响后,一定要帮助家长看破这一层表象,我们要帮助家长理解,孩子先天很聪明,可能只是在发展的过程中视、听、动能力产生了落差。为何把教材难度降低,儿童就能学会;把教材难度升高了,儿童就又不懂,不是因为孩子的智力或生理有什么问题,而是他在全部或某些学习能力上还没有达到学习该教材内容的能力水平。儿童大脑的基本学习功能在没有达到成人水平之前,必须发展好与年龄相匹配的视听动能力,才能适应现有教育体制下为他们安排的各年级课程。

如果我们只是在学科上做补救,而没有在能力上补救与年龄不匹配的学习能力,就解决不了问题的根源。

2. 教师要洞悉孩子学不好的根本原因

如果教师能换副眼镜来看孩子,摘掉"行为"的那一副眼镜,丢掉"不专心""不好好学习""态度不端正"等字眼,就容易看到孩子行为背后的根源,要把教材内容的掌握作为出发点。当我们已经在培养学习能力上用了不同的教学技巧和方法，教师也用过不同的引导方式来激励孩子，"胡萝卜"和"棒子"都用了，但还是效果不佳，我们就不能一直在纠正行为和态度上打转，不能期待孩子有一天突然就会了。我们要考察孩子的视、听、动能力是否能跟上同龄孩子，是不是教材难度太大造成孩子"不专心"。

教师一定要树立一个信念：孩子学习不好，行为上不配合并不是病！我们不要随便给孩子贴上"注意力不集中""多动症"等标签。多动是因为大脑的感觉动作能力没有达到同龄儿童的标准，所以活动量和活动方式会像更幼年的儿童——动得多，动的方式幼稚。如今，大部分人居住在公寓楼，孩子缺乏运动，看电视和手机的时间多，课业较多，才艺班安排也占用了孩子应该有的活动时间，导致 8 岁孩子的运动能力像 5 岁，自然会产生过动与不成熟的现象。但这不是病，因为孩子不是从早到晚时时刻刻都在动，而是做某些事时很专心（如玩手机或自己的玩具），做某些事时才多动，所以医学至今对"多动"或"专心"的标准是无法定义的。如果我们只是针对孩子行为的"不成熟"就对孩子使用药物处理，这对孩子会有很大的影响。从家长的反馈来看，用药会产生一些副作用，食欲、体重、专注力、成绩和学习效率并没有因为吃了药而改善。大部分学校老师的反馈也只是孩子不打扰老师上课了。但如果我们让孩子用药只是为了压抑孩子的行为，不打扰老师的课堂，这真的是教育者希望看到的结果吗？我认为教书育人者都不会认同这样的做法。

老师对家长的影响是非常大的，例如，给家长更多的压力，只让家长知道孩子在校的表现，上课学不来、不专心等。这时，没有方向的家长只会更焦虑，因为不是家长没有尽力、没有盯孩子，只是很多孩子学得比较费力。家长一着急就什么都想尝试，"病急乱投医"让他们走了很多弯路。如果我们可以帮助家长理解"两条腿走路"的概念，能力到位了，学习才会容易，这时候家长才有方向，也不会浪费孩子的时间。

给家长的建议

1. 大班不能教学科内容吗?

什么时候做幼小衔接?答案是当视、听、动能力准备好的时候。当孩子的视、听、动能力都到达6岁至7岁的时候,不管是学科素养还是行为习惯的培养都会比较轻松。

幼小衔接做什么?幼小衔接在很多家长看来是报班刷题,把一年级的语文数学都做一遍。但如果只是靠重复练习,能力准备好的孩子没问题,能力还不够的孩子就算因为做过而应付得来一年级的学习,但到了二三年级当教材有多步骤思考或需要深入理解的内容时就会发现,光靠重复刷题是不够的。

懂能力的家长就知道,幼小衔接的关键期是小班和中班阶段。第一步是在这两年利用环境刺激,让视听动能力发展得更成熟。第二步是在大班让孩子有机会非正式地接触一点拼音、文字和数学,到了小学一年级开始正式地学拼音,从拼音读字、读单词、读句,到造词、造句、独立阅读,这时,孩子具备了能力,又有充分应用的经验,一年级的衔接就非常顺利。

2. 好妈妈胜过好老师?

不一定!

首先,因为家长要扮演的角色较多,妈妈不一定很清晰和孩子互动的原则,有时候是忙家事的妈妈,有时候是慈母,有时候是朋友,有时候又是严格的老师,孩子不容易分辨当时的角色,就容易不配合或讨价还价。老师的角色相对单纯,如果孩子能力不错,配合度也会高。

其次,妈妈对儿童发展没有足够理解的时候,怎么选择教材?如果教材难度太高,是否降低教材难度,还是用现有教材来做分解?分解后先教哪个进阶点,才教得进去?家长的专业度可能也不够,因为每个学科都是一个专业,语文课程中阅读、写作、字词句段、篇章的形成,数学课程以及感觉动作能力、视知觉能力、听知觉能力的发展……每个都有深入的内容，不是因为小时候我们学过就会教。当老师也要有很多的实践课程，尤其是第一个孩子没有互动经验，这也是好妈妈不一定是好老师的另一个原因。

最后，家长对儿童能力的认识不全面，孩子的行为容易被家长贴上心理学的标签，例如"态度""注意力""自信心""习惯""积极性"有问题等。这时候我们就一直在结果上打转，无法找到问题的根源。因此，合格的家长要不断学习，了解儿童的能力发展特点，洞察孩子能力发展的差异，取长补短，给孩子创造视听动均衡发展的机会。

3. 家长如何对孩子进行视、听、动的教学？

作为家长，幼小衔接从入园就开始了。孩子在小班和中班时不要急着教学科内容，最重要的是通过足够的生活经验来储备孩子的基础能力以及把学科内容生活化。了解了孩子的优势和弱势后，通过视听动配比的安排，来平衡孩子的能力发展。在家里可以通过叠衣服、拿碗筷、整理玩具等活动，从生活中教孩子思考，如叠衣服的步骤、拿筷子的数量、玩具的分类和归纳，这些都是让孩子在能力发展的基础上，在衔接数学运算或阅读理解之前具备一定的生活经验。坚实的基础能力加上足够的生活经验，大班再以应用为目的教授拼音和数学，才会事半功倍。

至于能力的提升，主要注意上面提过的环境配比，如果已经发现孩子能力有差距，学习比同龄的孩子吃力了，家长需要尽快把能力补上。这时要进阶的教材设计要很精密，老师教学过程中也要先具备判断能力再做引导，这时就建议家长找专家解决。专业的人做专业的事，毕竟孩子成长时间有限，家长不可能什么都会，但是专家的专业领域不同，家长要依照孩子的发展规律来判断这个专家是否符合孩子现阶段的需求。

儿童发展金字塔——刘氏体系❶（见图2-2）会让家长一层一层地去思考

---

❶ "儿童发展金字塔——刘氏体系"是刘氏视听动教育团队基于学习障碍等儿童学习问题的行动研究和科学数据分析提出的，该体系涵盖了以视听动能力为核心的儿童学习由浅入深的六个过程和阶段。

"不专心""没耐心""习惯不好"的最终表象更深层的原因。绝大多数孩子的基础生理发展是没有问题的，我们不需要考虑第一层的生理因素，因为像患有自闭症、唐氏综合征的孩子，在今天是没有药物可以治愈的。教育孩子要抛弃这些标签，所谓"有教无类，因材施教"就是不要给孩子扣任何帽子。每个孩子都有实际年龄和现有的能力，能力跟上年龄才是学习的关键。第二层和第三层是很多家长忽略的，很多家长觉得，吃得饱、睡得好、身体健康，学习就应该要好，只要好好读书，其他事都不用做。其实恰好相反，身体健康到学习好的中间有两层，一层是能力与学习材料的配合度，也是在幼小衔接阶段我不断强调的"先能力，后学习"的观点；另一层是生活经验和知识的累积，视听动能力具备了，还要有充足的生活经验和体验，要让孩子在日常生活中有机会通过体验和经验来练习、思考和应用他的能力。这时候再衔接学科就不是在死记硬背去考试，而是理解后真的"学会了"。孩子真的"学会"后我们才来衔接行为习惯、规矩规范。所以会有家长说，孩子谁都配合，就不配合我，这就说明孩子是会配合的，但因为各种原因，可能家长道理讲太多，又没有明确的配合标准，孩子觉得烦，"棒子"和"胡萝卜"不明确等各种原因让孩子不愿意和家长有良好的互动。最终出现了表面上看到的结果。因此，我们要找到问题发生在哪个层面，找到问题解决方案才会有效。如果没找到问题在哪个层面，再努力也是白费力气。

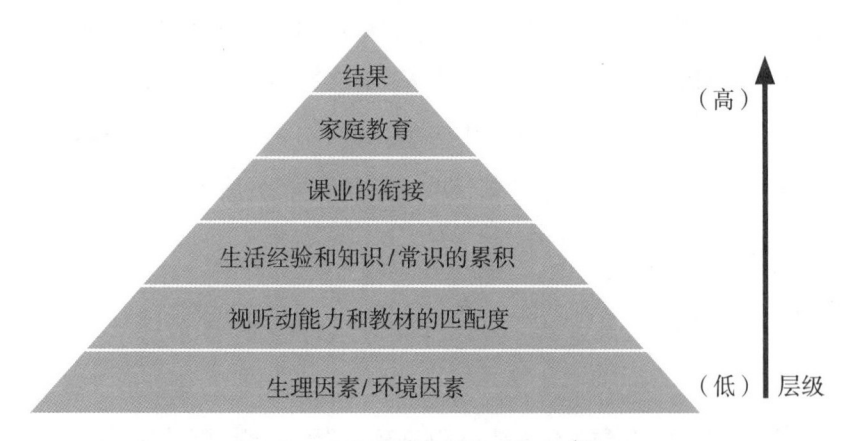

图 2-2 儿童发展金字塔——刘氏体系

4. 家长要科学认知儿童测评

儿童的测评工具非常多,但重点在于需要测什么?主要的测评分成几个大类:学科测评、心理测评、生理测评和学习能力测评。

从**学科测评**来看孩子的缺点,可以看到孩子的知识水平是否达到同龄孩子应有的知识水平,但我们无法得知这些学科出现问题背后的原因。例如,有些一年级数学题目里应用题字数长达 20 个字,如果孩子回答不正确,有可能是字太难,视觉能力不够的孩子仍无法分辨或记忆一些较复杂的字,也有可能是句子太长,当听觉广度不足,读到了后面已经忘了前面读的内容,或者是生活经验不足难以理解应用题的内容。当然,因为视觉能力不足造成理解和运算"粗心大意"的错误也会有。所有学科测评只告诉我们孩子的学科水平,但无法告诉我们问题背后的原因。

最常见的**心理测评**包括智力测验和行为量表。个别量表是在认知学派与行为学派的基础上开发的。较普遍的智力测验是视知觉发展测试,这个测试虽然可以看出一些孩子视觉功能的差异,但这些图片如何影响拼音或文字的书写,以及与不同程度的说、写、读、算能力的关系如何,似乎不太能直接看出来。当测试结果和学科没有太直接的关联性时,智力测验至今也只能停留在被参考而不能借以施教的阶段。

行为量表是用儿童行为来反推大脑问题,如多动症行为量表。诊断标准包括"无法持续保持专注力"或"一件事未做完想做另外一件事"(见表 2-1),只要在 7 岁前有这些"症状"并持续半年以上,14 个行为里面有 8 条就可以判定为"儿童多动症"。 但是专注力的标准是什么?专注多久才算有专注力?是没有明确的标准的。所以当孩子因为感觉动作能力不够成熟,或教材难度超越了他的能力所在,造成不专心或过动,是不能轻易用行为来判定,且用药物来处理的。

表 2-1 美国精神病协会制定的儿童多动症诊断标准

01. 常常手脚动个不停或在座位上不停扭动（少年可仅限于主观上感到坐立不安）	08. 常常一件事未做完又换另一件事
02. 要求静坐时难以静坐	09. 难以安静地玩耍
03. 容易受外界刺激而分散注意力	10. 经常话多
04. 在游戏或集体活动时不能耐心地排队等候上场	11. 常常打断或干扰他人活动，如干扰其他儿童做游戏
05. 常常别人问话未完就着急回答	12. 别人和他讲话时常似听非听
06. 难以按照别人的指示去做事，不是由于违抗行为或未能理解，如不做家务等	13. 常丢失学习或活动要用的物品，如玩具、书、作业本等
07. 在做作业或游戏中难以保持注意力	14. 常常参与危险活动而不考虑后果，如乱跑到街上去而不顾周围等。

注：在 7 岁以前起病，病史已有半年以上，并具备上述指标 8 条以上者，除其他精神行为疾病，如孤独症、弱智等外，可以诊断为儿童多动症。

市面上看过的**生理测评**包括 DNA 天赋检测以及脑电波测评。我们的大脑或 DNA 组合非常复杂，虽然医学界的持续研究，但现阶段这些测评都无法应用在学习场景上。可以通过脑电波来考察脑神经活动区域的活跃度，通过 DNA 检测来了解不同人的基因，但是这些生理上的研究，现阶段还是无法发现其与不同内容、不同难度的学习之间的关联性。

学习能力测评是测验儿童的视、听、动能力的发展规律是否达到同龄的标准。孩子从 0 岁到 16 岁每年年龄都在增长，但是能力有没有随着孩子的年龄一起成长？我们通过 40 年的行动研究，依照每个年龄层孩子具备的视、听、动基础能力而建立常模，明确了每个年龄层的能力标杆（Benchmark）与各年龄层的学科教材和行为表现的关联性。"对孩子而言，具备几岁的能力才能表现出几岁的行为、说几岁的话、写几岁的字、理解几岁的事情、有几岁的想法和做几年级的作业"。所以并不是几岁的孩子就会表现出几岁的能力。通过学习能力检测，我们知道孩子哪方面的能力超前，哪方面的能力落后，明确让家长了解能力和说、写、读、算、理解、表达、行为的直接关系。孩子的能力每年都不一样，就像身体检查一样，家长重视孩子每年的生理发育，也应该重视孩子的能力发育是否达到同龄的标准。当我们年年了解了孩子的能力发育，我们才清楚孩子是否吸收了每一年越来越难的知识。

5. 家长要正确理解感觉统合与视、听、动能力的差别

感觉统合（Sensory Integration）是一个医学理论，说明孩子的学习效率或行为表现是由神经系统通过自身的感觉通路（视觉、听觉、嗅觉、味觉、触觉、前庭觉、本体觉）将外界的刺激输入大脑，再由大脑来进行加工与处理，因此有"感统不良""前庭失调"的说法。可是要证明脑神经系统好坏与学习有直接关系就和之前提到的脑电波是一样的，感统训练中的摆荡、滚翻、滑板车等项目可能帮助某些孩子提高了一些运动效果，但它和理解、书写、成绩的关联性至今还无法找到。哪根神经管语文，哪根管数学？是管几年级的作文还是什么类型的数学题都无法解释。家长也没有办法衡量得到训练后的脑神经是否统合了，或统合到什么程度。

家长常常会因为感觉统合中说的"感觉通路"而混淆感觉统合与视、听、动学习能力。从医学角度看大脑和学习的关联性的确困难，但从年年不一样的能力发展角度来看却非常清晰。感觉动作能力的测评有项目和年龄之分，与平衡感、方向感、速度感、韵律感、肌力的控制、协调等能力有关的项目能够评量孩子在这一年龄达到什么水平。7岁的孩子可以跳绳、交叉跳、踢毽子，这个能力就比3岁的孩子强很多，这也是3岁的孩子不管如何练习都学不会跳绳的原因，因为能力还没有达到。有了感觉动作能力的统计和评量数据，我们就能对不同年龄孩子的表现做对比，如对握笔、运笔、坐的时间长短、行为配合度等现象提供比较直接的参考。换句话说，几岁的感觉动作能力决定了他动的样子、玩法、配合度、持久度像几岁的孩子。视知觉和听知觉也是一样，写字靠眼睛，几岁的眼睛能处理几岁的文字，语言发展靠听，听句子长短、词汇、内容的能力也是年年不一样的。因此，并不是"感觉统合"良好，孩子在每个学科、每个年级的学习就都没有问题。

很多家长问我，现在幼儿园不许"小学化"，不准教一年级的内容，但不去教又害怕孩子入学后跟不上。这该怎么办？如果家长了解学习能力的重要性，这个答案就很清晰了，很多孩子提前学有压力是因为能力没有准备好，能力不足的状况下进行幼小衔接，孩子很辛苦，家长也很痛苦。幼小衔接的前提是孩子的视、听、动三种能力达到六七岁的水平，因此在孩子3～6岁的过程中一定要重视他年年不一样的能力。能力有没有培养好才是幼小衔接及后续学习成功与否的关键因素。

第 3 讲
认知能力：
基础学习力的心理准备

赵 微

第 1 节　基础学习力与学习的关系 / 71

第 2 节　基于基础学习力的干预 / 76

第 3 节　提高基础学习力的策略 / 87

> **导 读**
>
> 　　视知觉、听知觉、感觉动作功能是幼儿最基本的学习能力。在此基础上发展起来的其他认知能力与视听动能力一起形成后期学习能力的关键。幼儿园阶段是儿童基础学习力发展的萌芽期。其他基础学习力发展不足，很可能导致儿童入学后学习困难。储备基础学习力是幼小衔接和入学准备阶段的关键任务。

第 1 节 基础学习力与学习的关系

基础学习力是指能够保证儿童顺利学习的基础认知能力。认知心理学研究表明，学习的过程类似于信息加工的过程。如图 3-1 所示，信息加工过程包含了诸如注意力、短时记忆、工作记忆、长时记忆等关键能力。这些能力是保证信息加工顺利进行的必备能力。我们获得任何信息都需要这些能力的参与，这些基础认知能力的发展会影响到学习质量。

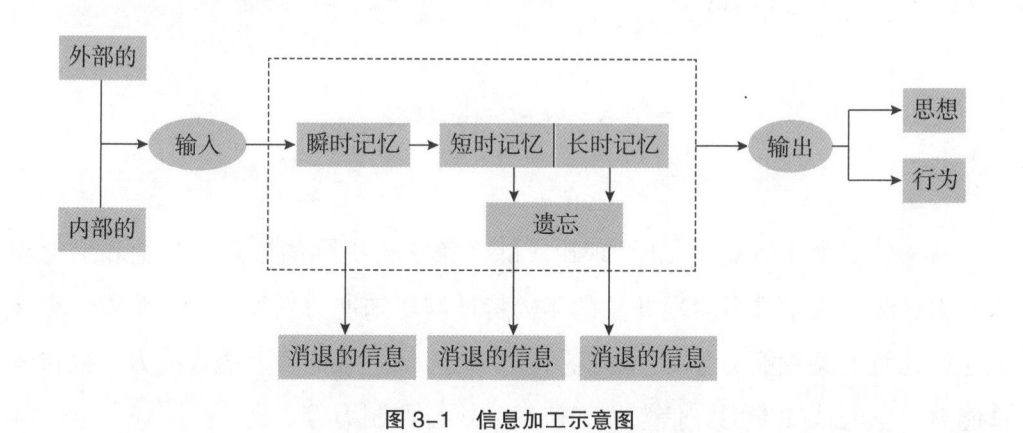

图 3-1 信息加工示意图

美国学者卡特尔、霍恩和卡罗尔在认知能力研究的基础上，提出了 CHC 理论（Cattell-Horn-Carroll Theory）。在 CHC 理论模型中（见图 3-2），认知能力包括不同广度的三个层次。最广泛的或最一般的能力水平由处于顶端的第三层次 (stratum Ⅲ) 表示，它涉及高层次的复杂认知加工，卡罗尔将其作为一般因素或 g 因素的代表。这个能力包括第二层次 (stratum Ⅱ) 的"广泛能力"（Broad abilities）和第一层次 (stratum Ⅰ) 的"狭窄能力"（Narrow abilities）。

位于 CHC 模型第二层次的是人们最为熟知的能力，包括流体智力（Gf）、晶体智力（Gc）、定量知识（Gq）、阅读和写作能力（Grw）、短时记忆（Gsm）、视觉加工（Gv）、听觉加工（Ga）、长时储存和提取（Glm）、加工速度（Gs）以及决策／反应的时间或速度（Gt）。

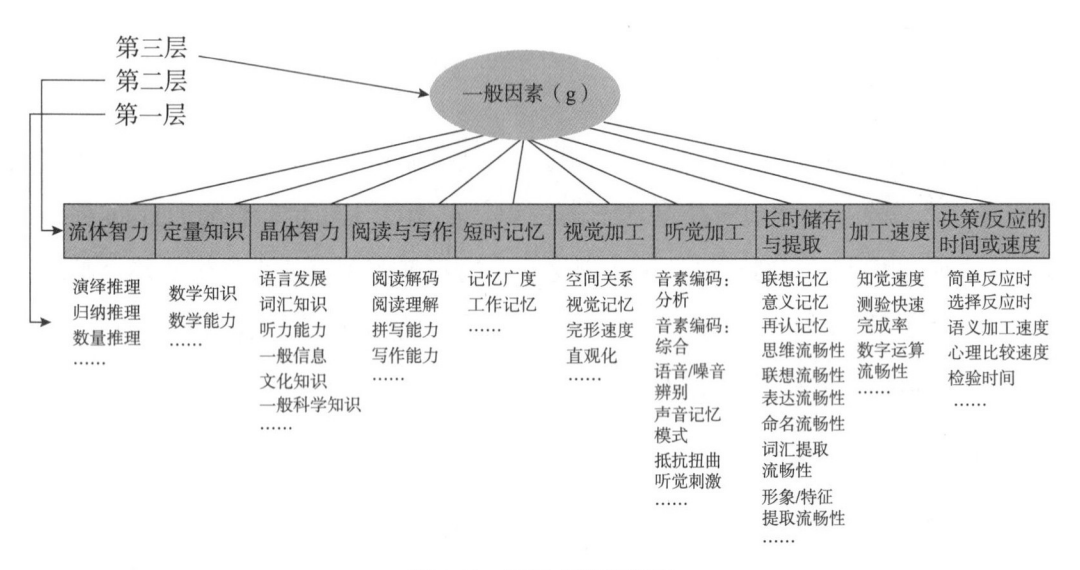

图 3-2 CHC 理论模型图

根据信息加工理论与 CHC 理论，除了第 2 讲提到的视觉、听觉和感觉动作能力，结合入学准备阶段儿童的年龄特征与认知能力发展，这个阶段还应该关注的儿童的关键能力包括：注意力、记忆力、思维能力、语言能力、数与运算能力、空间认知能力、信息加工速度、执行控制力等。

从出生时需要成人全方位保护和养育，到能够独立进食、行走和表达，儿童逐渐发展起来的调节能力能很好地说明儿童从无助到能力形成的转变。幼儿调节自己的生理与行为以适应成人的生活，如白天黑夜的生活节律，基本需求满足后保持安静，到后来发展起来的控制自己强烈情绪的能力和保持随意注意的能力等，都会发展为今后的基础学习力。

注意的调节与执行控制功能等心理过程，对幼儿思考、提取、记住信息和解决问题的能力发展至关重要，特别是进行复杂符号性活动，如口语、阅读、书写、算术和社会行为时。

执行功能在婴儿8～10个月产生目的性行为的时期就开始出现了，这一时期的另一个重要任务是学习和使用语言——通过符号开始学习，符号表征和语言使儿童将现在与过去及将来的知识和目标联系起来，这两者成为工作记忆的基础。自我控制表现为遵从要求、抑制或延迟某项活动的能力，以及根据情境要求监控行为的能力。这种能力在幼儿18～30个月间持续发展，且随着时间的推移和情境的增多变得更加稳定（Kopp，1982；Vaughn，1984）。

大量研究表明，注意、记忆、执行功能的任何缺陷都会导致学习困难和多动。因此，除了第2讲介绍的视听动能力外，这里主要介绍几种容易被老师和家长忽视的但又至关重要的在幼儿早期就开始发展的认知能力。

1. 注意力

上课注意力不集中是刚入学的小学生最常见的问题，常常让教师抱怨和家长头疼。什么是注意呢？注意是心理活动对一定对象的指向和集中，指向性和集中性是注意的基本特征，它也是一种心理状态。其中，指向性是指人在某一瞬间的心理活动或意识选择了某个对象，而忽视了其他对象；集中性是指当心理活动或意识指向某个对象的时候，它们会在这个对象上集中起来。注意的品质包括稳定性、注意的广度、注意的分配、注意的转移。注意的稳定性是注意在时间上的特征，是指在同一对象或活动上注意能保持的时间；注意的广度也叫注意的范围，是指在同一时间内能清楚把握的对象的数量；注意的分配是指在同一时间内把注意指向不同的对象；注意的转移是指注意的中心根据新的任务，主动地从一个对象或一种活动转移到另一个对象或另一个活动上去。大量研究表明，注意的这些特征与儿童的学习成绩之间存在着密切的关系。我们也常说，注意是信息的门户，教学的第一个环节就是要先引起学生的注意。研究表明，80%的学习困难学生都存在注意障碍。

注意的这些品质都跟大脑发育的规律有关。大脑中负责注意力的脑区主要在额叶，也就是我们说的前额叶，当然还有其他一些相关脑区。如果大脑发育成熟，注意力就会改善。儿童脑发育跟身体发育一样，是有快慢差异的。因此，在课堂上会表现出不一样的行为特征。在课堂上，由于大量的教学任务要靠老师讲解，学生听讲，因此，听觉注意在入学阶段就变得尤其重要。

2. 记忆力

记忆是过去经验在人脑中的反映。人脑感知过的事物，思考过的问题和理论，体验过的情感和情绪，练习过的动作，都可以成为记忆的内容。记忆包括瞬时记忆、短时记忆和长时记忆。根据认知心理学的观点，记忆的过程就是对信息进行登记、编码、存储和提取的过程。

瞬时记忆又叫感觉记忆，外界信息首先经过感觉器官进入感觉记忆，信息按照感觉输入的原样在这里登记下来。感觉记忆的作用时间很短，但它为进一步的信息加工提供了可能。短时记忆是指记忆信息保持的时间在1分钟以内，一般认为约15～30秒，甚至更短时间的记忆。

短时记忆又称工作记忆，它接收来自感觉记忆中的信息，并从长时记忆中提取信息，进行有意识的加工。研究表明，短时记忆影响儿童知识的习得和技能的习得，在词汇学习、阅读理解、数学等多个方面影响学生的学业成绩。Evans、Floyd、McGrew 和 Leforgee 报告，短时记忆与阅读成就之间具有中高度正相关；Bull、Espy 和 Wiebe（2008）发现，学前儿童（4.5岁）在短时记忆上的表现可以分别预测5岁和7岁时的数学成绩。还有一种短时记忆叫工作记忆，就是一边加工一边记忆的能力，它跟语言和数学学习密切相关，很多研究都发现了工作记忆困难会导致阅读和计算困难。

长时记忆是存储时间在1分钟以上的记忆。长时记忆是一个真正的信息库，它的容量巨大，可以长期保持信息。长时记忆存储着我们关于世界的一切知识，为我们的一切活动提供必要的知识基础，使我们能识别各种模式、运用语言、进行推理和解决各种问题。记忆力固然重要，但是人不可能记住所有的东西。因此，建立在记忆基础上的理解力才是学习的另一重要能力。记住的内容建立在理解的基础上，才能变成"活"的知识。

3. 加工速度

加工速度是指个体执行多种不同认知操作的快慢程度。它不仅是衡量心理能力的重要指标，也是考察个体心理发展水平的重要方式。它的发展变化实质上反映了认知过程内部心理机制的变化过程，与接收信息的能力以及阅读流畅性等密切相关。加工速度主要体现在三个层面：一是感觉运动速度，类似于神经传导速度，反映了对刺激迅速做出简单反应的能力；二是知觉速度，反映了对刺激迅速做出知觉判断的反应能力；三是认知速度，这涉及高级的认知活动，如回忆、联想等。

刚入学的小学生让家长头疼的事情是写字很慢，做作业磨磨蹭蹭，边做边玩，本来只需要一个小时就能完成的作业，常常需要花费一个晚上。于是家长就认为孩子故意磨蹭，浪费时间。老师们经常抱怨孩子阅读不流畅、磕磕巴巴、不认真，其实，这可能是孩子的加工速度过慢导致的。因此，教育的关键不在于催促孩子快点写、快点做，而是想办法帮助孩子提高加工的速度。

4. 执行功能

执行功能是一种重要的高级认知加工过程，是指对个体的意识和行为进行监督和控制的各种操作过程，包括自我调节（Self-regulation）、认知灵活性（Cognitive Flexibility）、反应抑制（Response Inhibition）、计划（Planning）等。它主要包括工作记忆、抑制性控制及认知转换三个要素。在学习和获得很多能力时都需要用到执行功能。执行功能在孩子 3～6 岁间得到持续快速的发展，一般要到 12 岁时才能发展得比较成熟，但是，执行功能的不同成分的发展速度不一样。

比如幼儿在刚开始学习英语时，当给幼儿呈现一个苹果时，或许幼儿早已知道它在汉语中被称为"苹果"，而现在则要幼儿用"apple"来称呼它。这一过程就包含了执行功能的三个基本要素：工作记忆、认知转换及抑制性控制。首先，儿童需要记住苹果的两个不同名称；然后，需要在英语和汉语两种语言条件下灵活转换；最后，在英语的语言条件下，儿童必须抑制住"苹果"这样一个优势称呼而启动"apple"。执行功能的发展在儿童发展过程中占重要地位，它是儿童具备各类日常生活能力的基础，也是儿童智慧的集中体现。

此外，儿童早期发展的元语言能力，如语音意识、词意识与语素意识及正字法意识等与语言能力发展密切相关的基础学习力，对入学后的学习也是至关重要的。

第 2 节

基于基础学习力的干预

"零起点"小孩

爱"溜号"的萱萱

我们在西安的一所小学建立了学习支持中心,专门辅导学习遇到困难的学生。我们经常会遇到一些一年级的小学生,有的做事情漫不经心,容易走神,磨磨蹭蹭;有的孩子毛毛躁躁,粗心大意,做事情慌慌张张,作业错误满篇。还有的学生书写能力差,写的拼音和汉字歪歪扭扭,无法写在格子里……学习成绩越来越差。

当我们第一次进入萱萱的课堂时,她正趴在桌子底下折纸,语文老师和同学们对她的行为似乎早已司空见惯,老师没有任何要制止的意思,同学们也自顾自地听讲。一节课40分钟,她没有安静过一分钟,我们也被这个上课行为极其夸张的小女孩震惊到了。

下课后我们通过和萱萱的班主任交流了解到,萱萱的学习成绩并不差,而且处在班级中上游,识字量很大,上课乖张的行为似乎对她的学习并没有造成什么影响,老师的批评和制止都无济于事,她总是能带来或创造各种稀奇古怪的玩具,课上玩得不亦乐乎。第二次进入课堂,我们坐在了她的旁边,她因为我们的存在变得有所收敛,但是坚持了几分钟之后,又开始拿出两个小磁铁把玩。我们根据老师讲的内容对她进行提问,她都能回答得很好,所以我们鼓励她积极举手回答问题,回答正确后她显得特别兴奋,积极等待老师的下一次提问……

一下课，萱萱就飞出教室不见踪影，衣服掉在了地上，她也没有捡起来，踩着就跑过去了，像一个调皮的小男孩。吃午饭的时候我们看见了她，虽然只见过一面，她却热情地和我们打招呼，我们坐在她旁边，其他同学已经吃完饭在排队了，她把米饭一勺一勺不停地送进嘴里，都听得见勺子和牙齿打架的声音。我问她："你吃饭这么快，为什么其他同学都吃完了你还没吃完"，她说她要吃两碗，我们被这个扎着高高的双马尾、长得古灵精怪、瘦瘦高高的"假小子"逗笑了。

我们下午约了萱萱的妈妈见面。萱萱的妈妈认为，萱萱不遵守规则的习惯来源于爸爸。爸爸平时没有工作，在家里行为随意，不仅没有给女儿树立良好的榜样，造成了恶劣的影响，还对自己的行为不以为意。因为爸爸与妈妈对孩子教育理念的不一致，妈妈选择了离婚，离婚之后一个人带孩子，妈妈不工作的时候基本都和孩子在一起，写作业的时候因为萱萱总是写一会儿、玩一会儿，每天都写到很晚，所以妈妈开始陪写作业，但是萱萱的拖延行为并没有得到改善，妈妈反而变得非常暴躁，母女两个常常因为写作业起冲突。妈妈反映，女儿不仅上课时难以集中注意力，情绪化也严重，负面情绪爆发时，行为不受控制，甚至旁若无人地大喊大叫，给周围人也造成了困扰，这让她非常头疼。后来我们将萱萱的爸爸和妈妈一起约来，让萱萱的爸爸也了解孩子表现出来的严重的行为问题，希望爸爸能够为女儿树立良好的榜样，和妈妈一起对孩子进行教育和引导。

我们对萱萱进行了 CAS 认知评估❶，发现她的注意力水平很弱，而其他能力都比较强，在计划能力中的计划编码测验中，她是中心检测的学生中唯一一个能够找出隐藏规律的孩子。结合萱萱的学业成绩和对家长、教师的访谈，我们发现萱萱的问题主要是注意力水平低，情绪热情而不稳定，但是学习能力很强，上课经常能够通过无意注意获得知识，取得的学习成绩并不是很差。

---

❶ CAS评估是Das和Naglieri等人以认知神经学和认知心理学为理论基础，以"计划—注意—同时—继时加工"的PASS理论为理论模型编制的认知评估系统（Cognitive Assessment System, 简称CAS）。

针对萱萱的问题和评估结果，我们对萱萱的干预集中在三个方面：家庭、课堂和学习支持中心。

在家里，我们建议家长不要陪她写作业，陪写作业的效果并不好，反而会让孩子产生依赖心理，但是要以另一种方式对她进行约束：首先为她规定每一项作业完成时间，在规定的时间点进行检查，如果萱萱不能按时完成，需要承担一定的后果，我们规定完成每一项任务后，都会预留一定的休息时间和"分心时间"，随后逐渐缩短"分心时间"，注意循序渐进。后来，萱萱的妈妈和爸爸复婚了，这对萱萱的情绪改善是一个非常良好的促进因素，这让我们再一次感受到完整、和谐的家庭对一个孩子的心理和情绪多么重要。

我们还安排了一段时间的课堂陪伴学习，萱萱上课时，安排一位志愿者跟她一起听课，随时提醒她，并为她制定了"你一定能做到！"的行为规范表，列出她上课和下课应该做出的良好行为，并配上示范图片让她学习，如果做到的话，任课教师会给她一个积极的评价和一个小卡片，小卡片积累到一定数量会给她一个小奖励，以此促进其上课规范行为的养成。我们也发现，萱萱上课之所以注意力不够集中，很大一部分原因是存在"吃不饱"的问题，我们建议教师除了多关注她、多叫她回答问题之外，也要给她布置额外的任务，减少她做小动作的时间，可以选择她感兴趣的任务。同时，每周学习支持中心的老师都会带她做注意力方面的认知训练。三管齐下，萱萱的行为得到了改善，学习成绩也渐渐追了上来。

上课注意力不集中是初入学的一年级孩子普遍面临的问题。儿童上课能够集中精力的平均时间是25分钟，让孩子在整整40分钟里全程集中注意力其实是比较困难的。孩子上课出现思想分散、发呆、说话等不良行为很正常，教师和家长不要过度焦虑，改善教学活动的方式、使用恰当的行为干预、及时制止和引导，行为基本会得到改善。然而，像萱萱这样一节课几乎完全不关注课堂学习、注意力极易分散的孩子，仅仅靠制止，作用微乎其微，反而会影响课堂进度和其他学生的学习。因此，虽然注意力差暂时还没有影响到她的学业成绩，但会为她今后的学习埋下隐患。因此她需要专门的注意力训练，特别是听觉注意力的训练，同时要把训练的结果迁移到课堂学习中去。针对她情绪化严重的问题，重点在家庭教育，家庭环境和父亲态度的改善对萱萱的情绪起到了非常积极的作用。

"零起点"小孩

跟不上节奏的小高泽

小高泽是一个安静有礼貌的男孩，长得眉清目秀，特别可爱，入学时是奶奶陪着来的。高泽告诉老师，爸爸在外地工作，妈妈工作忙，经常不在家，平时跟奶奶生活。奶奶对他特别好，每天照顾他的起居生活，仔细周到，早餐吃的鸡蛋都是奶奶剥好的。若问奶奶为什么不让孩子自己剥，奶奶说嫌他剥得太慢，耽误时间。平时，吃饭、学习等事都是奶奶提前替小高泽做好准备工作，每天接送他的也是奶奶，放学、上学的路上都是奶奶替他背着书包，小高泽牵着奶奶的手。入学一年多来，老师反映，小高泽上课跟不上节奏，经常完不成课堂作业，上课不认真听讲，经常偷看自己带来的儿童漫画，上课小动作不断，有时候还会打扰同桌，学习成绩很差。

为了弄清小高泽的问题，我专门去他的课堂进行多次观察。结果发现小高泽其实很听话，上课老师让他做什么他都努力去做，但是他的行动比较慢，常常完不成老师的教学任务。有一次上数学课，老师给全班每个人发了一张数学计算纸条，上面有30道一位数和两位数加减法的数学题，要求孩子在规定时间内做完。我发现小高泽做得很认真，但是很慢，不停地扳起手指算。时间到了，班上绝大多数孩子都做完了，小组长收纸条时，小高泽完成了18道题。我在一旁看着，大多数都做对了。新课开始了，小高泽认真地听，也跟着老师和全班同学一起回应老师的提问。但是渐渐地，小高泽跟不上了，开始左顾右盼，不知所措。再过了有半节课的样子，他听不明白，也无所事事，于是他把手伸进桌兜里，取出一本儿童漫画书看了起来。后面老师再讲什么他都没有听了。

到了下午，我们给他做了 CAS 测验，发现他的计划能力、注意力、同时性加工能力的得分都非常低，而继时性加工能力的得分还可以。接着，我又查看了他两次考试的卷子，发现了一个特别的现象，语文和数学卷子几乎只做了前半截，后面的题目大多数没有做，前面做的还基本都对。于是，我们把他妈妈请来，询问孩子的情况。他的妈妈初中没有毕业，后来因为工作太忙，没有时间管孩子，幼儿园阶段的小高泽都是由奶奶照顾的。到了小学，有了学习任务，老人不会辅导孩子学习，她才管一管。按她自己的话说，她连一年级的功课有时都辅导不了，只好查百度，孩子都习惯了，一看妈妈不会，就说，"赶紧查百度啊！"妈妈性子比较急，一看到小高泽写字速度慢，就训斥他，甚至打孩子。妈妈说因为作业写得慢，他经常写到晚上 11 点多。

小高泽进入小学出现的学习问题的原因渐渐明朗起来：与同龄孩子相比，他表现出明显的加工速度慢、思维不活跃。他上课时注意力差也是由于听不懂、跟不上老师的教学后才出现的，包括上课做小动作、看漫画书、打扰同桌，都是因为跟不上老师的教学，没有事情可做；他的考试卷子反映出同样的问题，由于加工速度慢，考试题经常做不完，并不是都不会，如果给他足够的时间，他的成绩就好很多。另外，生活中奶奶的过度照顾让小高泽变得缺乏主动性和自觉性。

小高泽的案例告诉我们，加工速度是幼儿发展过程中一项重要的认知能力，也是比较容易被忽视的能力。大多数人认为，孩子聪明与否主要是看记忆力和理解力，这当然不假，但是，能否快速加工信息，是影响学习效率的重要因素。由于小高泽在单位时间内总不能完成学习任务，速度慢，学习效率低，造成了大量的学业误差积累，也就是学习基础差。随着学习内容越来越多、越来越难，如果不及时干预，就会导致今后的学习困难。

因此，在教育干预过程中，我们对小高泽进行了认知加工速度干预、工作记忆干预、听觉注意干预和学业干预。在课堂上，老师要随时关注高泽的学习情况，看看他是否在跟老师同学互动，如果没有，就及时提醒，同时，给他的作业任务量从少到多逐步增加，给他的学习任务是根据他能够完成的能力来布置的；同时，我们要求家长让孩子在家里做力所能及的事情，比如整理自己的文具、削铅笔、整理学习用具，家长开始在一旁指导，不能代替孩子做，让孩子逐渐养成习惯；上学放学自己背书包，吃饭自己主动夹菜，不要让奶奶夹到碗里，吃完饭自己主动收拾碗筷，自己穿衣服鞋子，早上定好小闹钟，尽量让自己起床，每天帮助奶奶倒垃圾，做作业时旁边放一个15分钟的小沙漏计时等。经过一个多学期的个别干预，小高泽的学习效率、学习能力和学习速度都有了明显的提高，学业成绩也逐渐好转。

其实高泽的问题在幼儿园阶段就应该被关注了。很多老师和家长也都特别有体会：孩子还小，做事情太慢，与其让孩子自己做耽误时间，还不如家长做好了，省时省事。于是各种事情越俎代庖，比如孩子都上幼儿园大班了，还要帮他们穿衣、穿鞋、系鞋带、喂饭吃。正确的做法是利用日常生活机会训练孩子的加工速度，比如，比赛穿衣穿鞋，比赛喝水吃饭，比赛计数，看谁先数到多少，玩拍手游戏不断加快速度，参加体育运动等，都可以帮助孩子提高运动和加工速度。

"零起点"小孩

被过分溺爱的涛涛

母亲40多岁时生下涛涛，作为家里第一个也是唯一的男孩，涛涛受到了母亲乃至全家的无限宠爱。爸爸工作比较繁忙，他的饮食起居等基本由母亲一个人照料。母亲每天按时接送他，其他孩子中午一般在学校吃饭午休，他会被母亲专门接回家照顾。

刚上一年级时，涛涛上课还能基本跟上老师的节奏，虽然上课表现不太积极，但是能够回答出老师提出的问题；因为口吃，涛涛在和同学相处中总是喜欢以肢体的方式表达，不太会和同学用语言交流，也不太能接续别人的话题，因此常常与同学发生打架事件；犯了错误听不进老师的批评，班主任向母亲反映后，母亲常常会将责任推卸到其他小朋友身上，班主任非常无奈，喜欢和涛涛玩的同学越来越少。

虽然一年级时涛涛的成绩为班级后5%，但还能够达到及格水平。到了二年级，由于课业加重、难度提高，涛涛的成绩常常不及格。老师反映他上课总是小动作不断，在座位上动来动去，记不住当天老师交代的各种事情，做事没有重点和组织。

学习支持中心的老师走进涛涛的课堂，观察发现，当同学们已经开始朗读进入课堂状态时，涛涛仍然在抽屉里找课本和练习本，同学们读完课文，他才将准备工作做好；涛涛上语文课时端正地坐在座位上，似乎在听讲，但是每当老师提问题时或要求朗读时，涛涛都没有任何反应，当老师发出抄写或练习的指令，他不能立即执行，而是先看其他同学干什么，他才照着做；在抄写环节中，他不会规划字词在格子中的位置，常常将不同的词语连在一起或将一个词语分开写，非常凌乱，仔细观察发现，他写的字常常会出现少一横或一点的情况，不能完成一次整齐而正确的抄写任务。

到了数学课，涛涛仍然做准备工作慢、对老师的指令反应慢，总是跟不上老师的节奏，最后索性完全不参与课堂，在座位上摇来摇去，钻到桌子底下不出来，自己玩耍；当老师让同学们做题时，他总是东张西望，不停地看钟表，一节课下来，似乎什么东西都没有进入他的小脑瓜；刚下课，他就将书本全部塞进课桌的书包里，开始穿衣服准备放学；在同学们已经陆续走出教室时，他的衣服还没有穿完，他似乎有些着急，拉链都没有拉，领子和帽子也没有整理好，就跑出了教室。

我们随即给他做了CAS测验，发现他的计划能力、注意力、同时性加工、继时性加工能力都非常低；再用语音、字词掌握量以及阅读理解标准量表对其进行评估发现，他的语音意识稍低于及格线，字词掌握量远远低于同年级学生，阅读理解能力很弱，可见二年级上学期时涛涛就已经积累了极大的学业误差，如果不及时干预，后期的学习将无法正常进行。

我们对观察、访谈及测评的结果进行综合分析发现，涛涛的行为表现和学业表现很大程度上是因为他的计划能力非常弱。上课总是跟不上老师的进度、听不懂老师的指令、上课模仿同学的行为、下课收拾东西跟不上同学的节奏、抄写常常出现错误，这些都是因为他不能够合理规划自己的行为，长此以往导致他做任何事情都慢同学一步，不仅导致学习基础差，也养成了很多不良的行为习惯。

　　随后，我们对涛涛制订了全面的干预计划。对其开展计划能力进行干预的同时，进行语音个案干预和语素小组语素干预，弥补其学业误差，将认知干预和学业干预结合。

　　在个案干预中，要先制定行为规范，在每一次干预前告知涛涛必须要完成的学习任务，传达指令时要及时询问他："老师让你干什么呢？""你首先要做什么呢？"以保证他正确理解并执行，同时多为他创造自己动手的机会；在抄写任务中，引导其先规划词语的书写位置再动笔等；在小组干预中，引导其与同学多进行互动，用语言表达自己的想法和诉求，放缓小组干预的进度，保证他能够跟上课堂的节奏；小组干预完成后，将召集同学和整理队伍的任务交给他。随着干预的持续进行，涛涛用于课堂准备和下课整理的时间越来越少，抄写也越来越整齐规范。在干预后一个月的期中考试中，成绩从不及格上升到了80分，干预后的期末考试也保持在80分以上。

　　学习支持中心的老师对涛涛的母亲进行了两次访谈，希望母亲在照顾孩子时能够适当"放手"，不要陷入溺爱的误区，否则会使孩子产生依赖心理，做任何事情都指望他人。在家里有母亲照顾，但是与同学们在一起时或在教室时没有人可以依赖。母亲看到学习支持中心的干预效果比较理想，表示愿意配合，无论是穿衣吃饭还是学习记事，都让涛涛自己计划和执行。家校在一致的教育理念和方向的指导下，对涛涛的干预取得了良好的效果，涛涛的学业和行为均得到了显著改善。

　　计划能力也是基本的认知能力，是执行控制能力的组成部分。计划能力弱常常会被注意力不集中、加工速度慢和记忆力差的问题掩盖，很少有家长会注意到计划能力弱的问题。在很多情况下，计划能力弱正是导致注意力不集中、加工速度慢和记忆力差的深层原因，计划的过程能够迫使儿童集中注意力根据外部环境快速做出正确的决策并立即执行。在家被过分溺爱、过度照顾的孩子，往往缺乏计划能力。因此，家长爱孩子应该讲究方法，不能一味地帮孩子安排生活，这相当于剥夺他们思考的权利，应该给孩子多提供计划的机会，这样不仅能够提高他们的做事效率和学习效率，而且会提高其自信心。

"零起点"小孩

缺乏自控力的丽丽

丽丽是个漂亮的一年级小女生，看上去活泼好动、聪明伶俐、爱说爱闹，喜欢表现。可是一年下来，她成了令老师头疼的学生，她的学习成绩几乎是班级垫底的。老师反映，她上课从来不能安静地坐5分钟，总是有很多事情要做，不是翻弄文具盒里的文具，就是在桌兜里找东西，还经常忍不住出声说话，有时候会把凳子放倒，有时离开座位取掉到地上的东西。哪个老师上课都免不了要批评她好几次，甚至不得不罚她站着听讲。班主任老师没有办法，就把她安排在教室最后一排的角落里，任凭她做什么，只要不影响其他学生就行。

我决定去班上看看她的问题到底出在哪里。上课的音乐声刚停下，我从后门走进教室，发现一个扎着马尾的小姑娘正俯下身子捡掉在地上的铅笔，一不小心从凳子上滑下来，凳子倒地的声音立刻引起老师和全班同学的注意。我赶紧把她扶起来，挨着她坐下来，跟她一起听课。老师让全班同学小声读课文，我看她书还没打开，便提醒她，于是她打开书开始读起来。刚读了几句，她就放下书，从桌兜里翻出下午跳啦啦操的手花给我看，我暗示她放下，继续读书，并跟她一起读起来，她读得很认真，个别地方不会读，我就让她看一下生字表上的拼音给我读一读，然后再继续。这时候，老师开始讲解字词，问同学谁能用"教"组词，她也不举手随口喊出"教师"。老师没有理会她，叫了其他同学。接着，继续给生字组词，我提醒她先告诉我，然后答对的话赶紧举手，她表现得非常积极，老师叫到她，她回答正确后老师表扬了她，这时候她特别兴奋，不断举手，每次举手前都先问我对不对，我说对了，她就特别高兴地又举起手来……

之后老师布置抄写生字并组词的作业时，我发现她还没有等老师说完就开始找笔和本子，打开本子就写，写一个字要看好几遍，基本上写两三笔就要看一下，刚写两笔就找橡皮擦，反复不停。我告诉她，先别着急写，让她把老师的作业要求复述给我，我帮她补充后，让她再说一遍，然后告诉她，认真看一下生字的结构，看好了再开始写，一次写好……我发现，老师讲课她都能听懂，回答问题也都正确，似乎没有学习困难。那一节课下来，老师惊讶地告诉我，丽丽从来都没有这么专心地上完过一节课。

下课后，我带她做了 CAS 认知能力测验，发现她的同时性加工和继时性加工的成绩都正常，但计划能力和注意力两项成绩很低。计划能力与大脑的执行控制功能密切相关，执行控制能力差的孩子，会表现出冲动性行为，做事情缺乏思考和计划，就是我们常说的"做事情不经过大脑"。缺乏控制行为的能力，做事情虎头蛇尾，知难而退，随心所欲。在跟丽丽家长咨询的时候，她的这些特点也得到了证实。

执行功能与控制自我的能力与个人的学业和成就密切相关，被认为是最重要的学习能力之一。这种能力是从小发展和培养起来的。哥伦比亚大学心理学教授 Walter Mischel 在 20 世纪 60 年代开展了一项具有开创性意义的研究，即"棉花糖实验"，实验结果充分说明了执行控制能力的重要性。

在这项具有里程碑意义的行为研究中，共有 600 名 4～6 岁儿童参与，他们均来自斯坦福大学附属幼儿园（Bing Nursery School），并被要求做出选择：在你面前放着一块棉花糖，如果能坚持 15 分钟别碰它，那么 15 分钟后你将得到额外一块棉花糖的奖励。若没坚持住，就没有奖励了。

Mischel 离开实验的房间后，一台隐藏摄像机开始记录接下来发生的事情。

有的小孩在 Mischel 离开房间时就吃掉了棉花糖，有的则尝试转移自己的注意力：用手盖住眼睛、踢桌子玩或是用手指戳棉花糖，还有的孩子凑上去闻一闻、舔一下，或是在棉花糖边缘咬一小口，希望等 Mischel 回来的时候不会被发现。总共大约有 1/3 的小孩坚持了 15 分钟，并得到了奖励。

几年后，该研究小组回访了这群小孩，探究在棉花糖实验中选择延迟满足的做法是否与他们获得的成就具有相关性。Mischel 发现，几年过去了，当初能够为了奖励而坚持忍耐更长时间的小孩普遍具有更好的人生表现（更高的自信程度或更优秀的成绩）。

（来源：百度百科）

自控能力是执行控制功能的重要组成部分。丽丽的例子告诉我们，在幼儿园阶段就可以开始培养幼儿自我控制的能力。当幼儿学习控制自己大小便时，这种能力就开始发展了。很多时候，我们需要孩子学会"等一等"，忍耐一下，或者坚持一会儿，都是帮助孩子形成控制自我的能力。长大一点，学会排队等待，忍住诱惑，把自己喜欢的玩具、图书与人分享，好吃的东西先给老人吃等都可以培养孩子的自我控制能力。这种在生活中发展起来的自我控制能力，到了小学就可以顺利迁移到学习活动中。

第 3 节

提高基础学习力的策略

以上理论和案例告诉我们基础学习力的发展和提高,可以从根本上帮助孩子做好接受正规学校教育的学习准备。家长和教师如何帮助孩子提高基础学习力?

1. 在形成良好行为习惯的同时,培养基础学习力

幼儿期是培养各种良好生活与行为习惯的关键期,同时也是发展基本学习能力的重要时期。在早期,这两者不是截然分开的。作为老师和家长,在培养孩子良好的行为习惯时,就要考虑这些行为习惯的培养对发展其基本学习力的作用,通过培养行为习惯发展这些能力。例如,培养孩子独立意识和生活自理的能力。

2. 循序渐进,遵循幼儿成长特点

幼儿的基础学习力是随着生理和心理发展而逐步发展起来的,在不同的年龄阶段有不同的表现。以注意力的发展为例,婴儿期以无意注意为主,到了幼儿期逐渐发展出有意注意,且注意的时间、广度、注意的转换能力等都逐渐发展;再比如运动能力的发展,随着神经活跃性的增强,运动能力的提高,幼儿行动和完成活动的速度都会逐渐提高;8~12个月开始的语言运用,提高了符号表征能力,儿童开始使用和积累间接经验,从而促进了记忆力的进一步发展。这些能力在不同的年龄阶段会有不同的表现。作为老师和家长,要根据幼儿能力发展的特点,循序渐进地引导儿童。到了学前大班,着重关注这些能力是否养成,为进入小学做好准备。

3. 加强引导，适当使用认知加工训练的技巧

基础学习力不是一种显性的知识，并非只有在学习活动中才能够体现出来。幼儿园没有专门的课程发展幼儿的基础学习力，但是它可以渗透在幼儿园五大领域的课程和活动中。作为教师，可以在五大领域的教学活动中，有意开展培养基础学习力的教学活动。例如，数学活动中的数数——倒背数字，训练工作记忆；语文阅读中的仔细阅读——寻找关键信息，帮助孩子训练记忆力；社会交往中的同伴交往——控制自己的情绪和行为，发展执行控制能力；美术、手工活动——训练孩子的观察、计划能力；体育活动中的各种速度反应游戏等。到了幼儿园大班，有意增强入学适应有关的活动和游戏的目的性，提高基础学习力，为入学做好准备。

给教师的建议

1. 在幼儿园一日活动中培养基础学习力

作为幼儿园教师,首先要认识到基础学习力对入学准备的重要性,并能够在一日活动中处处有意识地培养幼儿的这些能力,而不是简单地认为只是日常行为习惯的培养才是重要的。在幼儿园,幼儿开始了集体活动,一日活动有很强的时间要求,是培养儿童提高速度和执行控制能力等的极好机会。教师面对比较拖拉的幼儿,要有意监督其提高完成活动的速度,比如排队如厕、洗手、午休起床、穿脱鞋子、喝水、吃饭、排队、分发玩具或教具、分发食物、活动中回答问题等,都能够训练幼儿耐心等待的行为习惯,帮助儿童提高自我控制能力。

2. 通过有意识的游戏活动,培养基本认知能力

游戏是幼儿的主要活动和学习方式,也是幼儿最喜欢的方式。注意力、记忆力、加工速度、执行控制能力都可以通过各种游戏活动来培养。关于注意力培养的游戏有很多,例如,幼儿园中的"听声音,辨动物"、找数字,语言活动中的听故事找人物等,还有比较安静的桌面活动,如拼图游戏、串珠、搭建等。反应速度的练习有经常玩的"西蒙说……"控制行为的游戏有"红灯停绿灯行"等。很多幼儿园活动都可以帮助孩子集中注意力,甚至一些专门用于认知训练的任务也可以帮助幼儿提高加工能力,例如倒背数字,从两位数开始,老师说2、3,小朋友说3、2,老师说4、8、5,小朋友说5、8、4……以此类推,为了增加游戏的趣味性,也可以让小朋友轮流出题,其他小朋友来抢答。

3. 尽早开始,长期坚持

能力的发展不是一朝一夕的,不是到了大班、临近入小学才开始,而是从幼儿入园就要关注。在培养良好习惯的同时,从认知能力发展的角度给予重视。比如,刚入园的小班幼儿还不能自觉控制大小便,教师往往允许孩子随时需要上厕所时就上厕所,但是到了中班,就可以让孩子坚持一下到教学活动结束,至少可以问一下孩子能不能坚持一会儿,到了大班,要求孩子尽量坚持到活动结束。再比如,每次活动开始前和结束时都有时间要求,外出活动时要排队,做完手工、吃完饭要收拾整理,教师要提醒孩子既安静又快速地完成,幼儿的很多基础学习力都是在幼儿园一日常规活动中渐渐发展起来的。因此,教师要充分利用幼儿园一日活动的时时刻刻,长期坚持培养儿童的这些能力。

4. 提供指导策略,促进基础学习力发展

以阅读为例,前阅读阶段的幼儿是对图书上的画面人物感兴趣,随后发展到对文字的兴趣,通过读图和文字理解文意。如果孩子在阅读时经常注意力分散,开始阅读时,要指导孩子阅读,眼睛不离开书,思绪也不离开书。老师和家长可以给孩子一些指导提示语,基本策略为:停止—返回—重读。例如:

我看到你走神了,你记得刚才最后读到的是什么吗?

你记得故事里发生了什么吗?

现在你注意力集中了吗?

你的眼睛看着书,思绪跑到别的地方去了吗?

我看到你走神了,现在你可以做什么?

把小手指放在刚才专心读的地方,我们重新开始读吧。

让我看看在走神后你会做些什么?

重读。

如果发现孩子经常注意力分散,就要看看阅读环境和书的难易程度是否符合孩子。对低年级学生而言,如果发现学生经常注意力分散,还可以让孩子比较专心阅读与分心有什么不同。例如:

演示一下你专心阅读是什么样子?

你假装阅读是什么样子?

感觉两种有什么不同?

怎么阅读你更加专心?你采取什么方法会做得更好?

总之，注意力、记忆力、加工速度、执行控制这些基本认知能力是幼儿进入小学后重要的学习能力。虽然这些能力的发展依赖发育成熟，但是在幼儿成长过程中要在身体发育的基础上给予刺激和促进。幼儿园、小学和家庭是儿童基础学习力的重要养成场所。孩子出现问题时，老师和家长不能一味认为是儿童的行为习惯问题，要从根本上尽早培养其基础学习力。

给家长的建议

1. 给孩子自由发展的空间，创造培养基础学习力的机会

很多家长在教育孩子的问题上存在误区。很多时候，家长并不知道自己不当的教养方式影响了孩子基础学习力的获得。有的家长对孩子过分溺爱，孩子的一切事情都大包大揽，正如前面的案例，为了省时省力，家长就剥夺了孩子日常生活中一切活动的自主权，所有事情包办代替，吃饭穿衣，事无巨细。有的家长过分保护，例如，家里的边边角角都用海绵包起来，害怕碰疼孩子，在外边捡个树枝树叶也不行，怕有细菌。出门在外，不是坐车就是抱着，担心被碰着、摔着。让孩子没有机会自己做事情，从而怀疑自己。到了小学，这类孩子经常会说"我不会"，或者"我妈不让"，完全没有主动性和自主性。儿童失去了自我的同时，也失去了发展各种能力的机会。在幼儿园没有义务性学习任务时还显现不出来，到了小学就会面临入学的不适应，如不及时干预，就会影响学业发展和学校适应。

其实，幼儿2岁就开始有了自主做事的强烈愿望。虽然一开始孩子做事情慢，但在家长的要求和反复练习下，会慢慢加快。特别是家长的日常鼓励，会极大提高孩子行动的积极性，因此不要剥夺孩子自己做事的机会，这会阻碍孩子做事速度与效率的提高。

因此，家长要寻找发展幼儿基础学习力的机会和活动，帮助幼儿发展这些方面的能力。过分溺爱，过分满足孩子的需求，忽略对孩子的要求，缺乏规则意识的培养，都会导致未来的行为控制问题，如上课管不住自己、随心所欲、不能抑制冲动行为、学习上怕吃苦、缺乏坚持力等。

2. 有效陪伴，跟孩子一起游戏

很多家长在照看孩子时，仅仅满足其衣食冷暖、安全卫生等生活上的需求，缺乏对孩子心智的关怀。也有的家长过早地给孩子灌输知识，要3岁的孩子认字、抄写汉字、数数，孩子做不到就训斥和打骂孩子，完全不懂这是因为孩子的视听动等能力尚未发展起来。让孩子读书，孩子已经很疲惫了，已经失去兴趣了，家长还滔滔不绝，强迫孩子专心听，最终导致孩子厌倦学习。

家长要学会有效陪伴，跟孩子一起游戏。在陪伴过程中，尽量跟孩子保持平等的关系。美国北佛罗里达大学的一位教授告诉我，他把自己的女儿培养成了超常儿童。他的女儿12岁就已经开始学习大学课程，而且成绩非常好。我非常好奇，就问他怎么培养的，他告诉我"经常陪孩子，跟孩子一起游戏！"他举了很多例子，例如，当女儿还不会走路，坐在婴儿车里，他推着她，走直线、曲线、折线等不同线路；喂饭时念叨着一勺、两勺、三勺……开车时，孩子坐在后座上，给她播放经典童话故事，回答她的问题；在家里，给孩子准备的游戏箱、图书箱、手工箱经常换内容，跟孩子一起玩耍。孩子3岁上了幼儿园，有一次老师要讲灰姑娘的故事，他女儿举起手来，问可不可以让她讲。老师惊讶的是，这么长的故事她竟然完整地、清清楚楚地讲完了。女儿4岁了，有一次，教授带着孩子在机场候机，便玩起了问答游戏，教授问莎士比亚是哪国人，做什么的，孩子回答完，接着问爸爸飞机是谁发明的……父女两个一问一答，特别开心的样子让一旁候机的人瞠目结舌。我们经常提醒家长要有效陪伴孩子，跟孩子在一起交流，不要低估孩子的潜能，只要是孩子感兴趣的，都可以跟孩子以他能够听得懂的方式交流。孩子的基础学习力也是在这样的环境中逐步发展起来的。

3. 持之以恒，坚持才能形成能力

能力的形成不是一蹴而就的，需要长期坚持，形成行为习惯，行为习惯再内化成能力。因此，作为家长，不能急于一时，要把基础学习力的培养融于日常生活与教养过程中，并长期坚持。例如，培养孩子的专注力，在吃饭、做事、活动、游戏中都要根据孩子的兴趣和能力设定合适的注意力目标，循序渐进，持之以恒。培养孩子耐心的同时其实就是培养自我控制的能力，家长要经常用到"等一等""坚持一下"。公共场合排队等候能帮助孩子形成自控能力，

等孩子 3 岁以后，有意识地延迟满足，是促进儿童自控能力发展的有效手段。带领孩子参加体育锻炼，培养毅力和坚持力。这些看似是对意志品质的锻炼，其实也是帮助孩子形成自我控制的能力。

第 4 讲

知识基础：
学科素养准备

赵微　王津

第 1 节　学科知识的早期准备内容 / 98
第 2 节　学科知识的早期准备策略 / 106

导 读

　　学前阶段的知识准备对儿童进入小学后的顺利适应与过渡起到了至关重要的作用。关于准备的多少，教育界的观点各执一词，有人认为孩子一定要在学前期做好各项知识准备，才能有效地适应小学生活，特别是对于一些打算竞争进入优质民办学校的孩子，尤其必要且重要。也有一些人认为，学前阶段的孩子无须学习知识，只要认知发展到适当的阶段，自然就具备学好相应阶段知识的能力，并且也提出零基础的孩子到了三年级以后会更有潜力。到底应该听谁的呢？

　　对于完全没有教育学功底和判断的家长来说，这无形之中增加了他们的焦虑。仔细分析小学一年级的学习要求，可以发现无论是行为规范还是教学方式，已经与幼儿园有着莫大的差别，如果完全没有任何准备就让孩子进入小学，反而会打击孩子的自信心，使其产生畏难和恐惧的情绪。因此，学前期做好一定的学科知识准备是必要的，但也并非只是学计算、拼音和识字那么简单，这是一项系统性的工程，涉及幼儿的学习品质、思维方式各方面的学科素养。

　　本讲将从儿童学科素养的角度说明这项系统性工程可能涵盖的方方面面，并就这几个方面具体说明如何做好相应的策略性准备，考虑到读者可能是教师也可能是家长，因此提供了比较有针对性的实用建议供大家参考。

"零起点"小孩

学科素养准备不足的芸芸

芸芸是个刚上一年级的小女孩，幼儿园期间没有报各种幼小衔接班。虽然上幼儿园期间有老师反馈说芸芸的专注力不强，经常坚持不了三五分钟就走神。但是，芸芸妈妈认为在平常的观察中，只要是芸芸感兴趣的事，比如画画，她可以坐在书桌前坚持一个小时直到完成为止，因此认为她并没有专注力的生理性问题，只是她的认知水平达不到学习内容的难度，或她不感兴趣罢了。快上小学的那个暑假，妈妈想还是给芸芸报一个幼小衔接班，提前学习一下拼音，认识一些汉字，帮助她更好地过渡。

原以为这样就足够了，可芸芸入学后还是出现各种让芸芸妈头疼的问题。例如，妈妈隔三岔五地收到语文老师和数学老师的微信，老师反映孩子专注力差，很难持续地保持10分钟以上的注意力听课；数学听算跟不上，要求1分钟做20道简单加法题，可芸芸只能做四五道题；平常的一些小考试中，由于识字量不多，芸芸完全看不懂题目，于是卷子上出现大片大片的空白。这下芸芸妈着急了，担心这样下去会严重影响孩子的自尊心，也会让她对学习逐渐丧失信心，于是开始思考原因。芸芸妈发现，小学一年级的学习进度对于零基础的孩子来说是完全无法适应的，孩子之所以出现如此多的问题，就是因为在学前阶段没有做好学科知识的准备，以致于跟不上小学一年级的学习要求。

思考：如何指导孩子做好学科知识基础的早期准备，即学科素养准备呢？

第1节

学科知识的早期准备内容

一、语音能力发展与拼音准备

如前所述，儿童语言能力的发展从听和说开始。幼儿从很早开始就能够辨别出语音与其他声音的不同，能从嘈杂的声音中分辨出母亲的声音，可见人类语言能力的发展潜力及独特性。语音能力既是儿童掌握口语词汇的前提，也是入学后学习拼音知识和书面词汇的基础。让我们看看幼儿是怎样学习词汇的？

根据联结主义的观点，词汇的获得是一个联结的过程。如图4-1所示，家长指着家里的灯，告诉幼儿"deng"这个发音，幼儿听到"deng"这个语音，并看到灯这个实物，通过反复联系，幼儿理解了"deng"这个发音指的是"灯"这个事物，从而实现了音–义的联结，获得了"灯"这个听觉词汇。以后只要家长发出"deng"这个音，幼儿就会去看"灯"这个实物，就明白了"deng"这个语音就是指"灯"这个意义。这就是我们所说的听觉词汇或者接受性词汇。我们

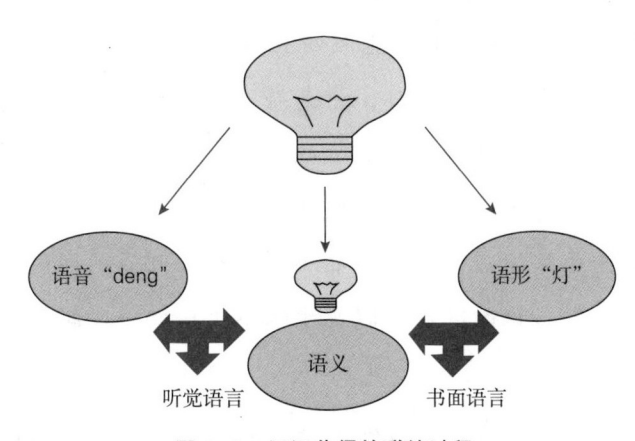

图 4-1　词汇获得的联结过程

所说的"听"领先，就是指幼儿最早开始学习语言，首先能够听懂很多语言。随着年龄的增长，儿童会发出"灯"这个音，这就获得了口语词汇。入学后，儿童开始接触"灯"这个字，于是就把灯这个音－义结合体再跟字形连接，就学会了"灯"这个字，也就是书面语言。儿童早期听觉语言的获得基于人类独特的语音辨认能力。语音辨认能力也称为语音意识，是幼儿早期入学准备的重要认知能力，也是儿童获得语言的前提。大量研究表明，语音意识发展的好坏与今后的语文阅读能力的发展密切相关。

所谓语音意识，是指一个人对语言的声音结构的敏感或清醒的意识，是儿童辨别和操作语言的语音能力。这一语音意识的获得，对今后阅读过程中单词的语音和语义解码有着重要的意义。差的语音意识会导致阅读困难。Liberman认为，儿童之所以会存在语音意识障碍，其原因之一就是音素是语言中相当抽象的单位，它甚至比单词、语法更为抽象。由于人类独特的神经生理功能，我们在口语获得过程中很自然地获得了对音素的意识，这是一种自动的、隐含的语言加工能力。由于音素不能彼此机械地、独立地存在，而是存在于单词或音节中。因此，当儿童对所讲的语言非常熟练、能完全理解和记住音素时，他们很少意识到音素的存在，音素的加工就成为自动化的过程。儿童在阅读时，这种隐含的加工能力外显出来，在阅读中发挥作用。如果儿童不能获得这种语音加工的能力或者在这方面有缺陷，其语音加工能力就会受到影响，继而阅读能力受到影响。由此可见，这种语音的识别和辨别能力是儿童早期语言获得的重要元认知能力。Muter和Snowling对西语儿童的语音意识进行研究时发现，西语儿童4岁起就具有音节意识，5岁时具备首音－韵脚意识，6岁时即获得音素意识。

汉语的语音一般以音节为最小单位，每个字由一个音节表示。入学后学习汉语拼音时才会涉及像音素这样更小的语音单位。唐珊和伍新春的研究发现，学前儿童的汉语语音意识已经开始发展，其中音节意识发展最早，其次是韵脚意识，声调意识和声母（首音）意识发展得相对较晚。语音意识既是学前期幼儿口头语言发展的前提，也是进入小学后学习语文学科知识的重要基础。

汉语拼音是进入小学后语文学习的首要任务。汉语拼音是一种辅助汉字学习的工具。拼音的形成过程就是声母、韵母(单韵母、复合韵母)和声调的有机组合过程。因此，也有学者解释说："把声母和韵母这两个拼音单位拼合成一个完整的音节，这个过程就叫作拼音。"汉语拼音学习承载了语音知识的获得和语音能力的提高，也影响着学生字词识别、阅读理解等语文学习的关键能力。

由此可以看出，幼儿在早期就发展起来的语音的敏感性和语音操作能力，是入学后拼音学习的重要基础。因此，在幼儿园阶段就要加强对语音能力发展的培养和教育，而非直接的拼音教学。

二、书面语发展与语言准备

读写能力发展的重要性已被所有的幼儿语言研究者们认同，甚至被纳入国家战略发展层面，如美国在布什总统在任时期就曾聘请早期教育专家，特别重视提高全美幼儿的整体读写能力，以提升国民整体文化素质。

我国颁布的相关幼儿教育的政策文件中也都明确了幼儿书面语发展与启蒙教育的相关要求。《幼儿园教育指导纲要》就在语言领域教育内容与要求中提出以下几点：

①创造一个自由、宽松的语言交往环境，支持、鼓励、吸引幼儿与教师、同伴或其他人交谈，体验语言交流的乐趣，学习使用适当的、礼貌的语言交往。

②养成幼儿注意倾听的习惯，发展语言理解能力。

③鼓励幼儿大胆、清楚地表达自己的想法和感受，尝试说明、描述简单的事物或过程，发展语言表达能力和思维能力。

④引导幼儿接触优秀的儿童文学作品，使之感受语言的丰富和优美，并通过多种活动帮助幼儿加深对作品的体验和理解。

⑤培养幼儿对生活中常见的简单标记和文字符号的兴趣。

⑥利用图书、绘画和其他多种方式，引发幼儿对书籍、阅读和书写的兴趣，培养前阅读和前书写技能。

⑦提供普通话的语言环境，帮助幼儿熟悉、听懂并学说普通话。少数民族地区还应帮助幼儿学习本民族语言。

幼儿书面语的发展与启蒙教育对于入学后的学习有着至关重要的作用。《指南》在儿童书面语言发展方面提出了明确的目标要求，主要包括三个条块，分别是"喜欢听故事，看图书""具有初步的阅读理解能力"和"具有书面表达的愿望和初步的技能"，较为清楚地指出了幼儿在入学前书面语言的发展与启蒙教育需要关注的目标。

由此可见，国内外都很重视学前教育阶段幼儿语言能力的培养，那么应该从哪些方面来关注幼儿书面语的发展与启蒙教育呢？幼儿书面语的发展与哪些语言子类型关系密切呢？如何科学有效地发展幼儿的书面语能力呢？要想回答这三个问题，首先需要梳理清楚幼儿语言发展的类型以及所有类型对书面语发展的作用。

周兢等人提出了学前儿童语言学习与发展的核心经验框架，明确了儿童语言发展的不同类型（见图4-2）。

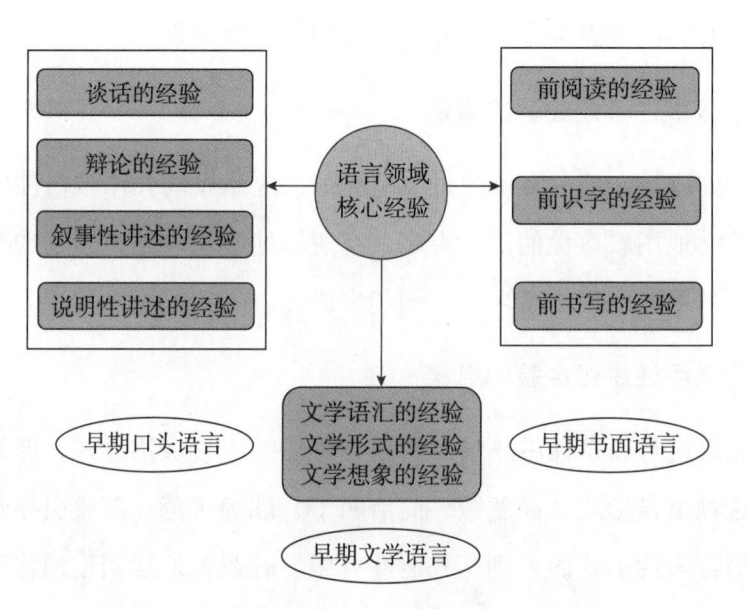

图4-2 学前儿童语言学习与发展核心经验框架

从儿童语言发展的结构来看，儿童语言发展类型共有三大类，即早期口头语言、早期书面语言和早期文学语言。这三大语言类型对于学科素养准备都有着不可估量的作用，有效的学前期语言准备教育最终有利于儿童入学后的顺利过渡与衔接。

（一）早期口头语言经验的启蒙及其与书面语发展的关系

口头语言是幼儿语言学习和发展的主要形式，学前阶段口语交流的经验为儿童的语言符号系统的建立奠定了重要基础。幼儿在学前阶段应该获得有关谈话、辩论、叙事性讲述和说明性讲述的哪些经验，其表现形式如何呢？

1. 幼儿谈话经验的启蒙

在学前阶段，幼儿应当学习运用口头语言进行日常谈话交流，能够倾听并学会轮流对话，围绕一个话题展开交流，采用交往策略达成社会性交流的目的。

2. 幼儿辩论经验的启蒙

学前阶段，幼儿应当学习运用语言表达自己的观点，并尝试用不同的方式表达，理解对方的观点和论据，并尝试反驳对方的观点。

3. 幼儿叙事性讲述经验的启蒙

叙事性讲述与人们通常说的讲故事类似，应激发幼儿用独白性的语言，在大众面前独立地用叙事性的语言有序、有逻辑地组织讲述内容，选择恰当的词汇或运用修辞手法，用丰富多样的词句来讲述。

4. 幼儿说明性讲述经验的启蒙

说明性讲述与叙事性讲述虽都是独立讲述的语言表达形式，但又有着明显的区别，这种语言形式言简意赅、简洁明了、准确规范，需要引导幼儿逐渐意识到两种语言表达形式的差别，并能够有序、有逻辑地运用连词将讲述内容有机地组织起来，进行独立讲述。

口头语言不仅注重培养孩子的口头表达能力，还特别注重培养孩子的倾听理解能力，这对于幼儿进入小学后适应集体教学形式颇有裨益。不同类型的口语让儿童对语境产生一定的敏感性，也对不同的语言类型产生敏感性。例如，谈话通常都比较随意轻松，幼儿能够学会轮流交谈；辩论需要有较强的倾听、理解能力，有自己的观点并能够找到论据来证明，还要学会辩驳对方的观点；而叙事性讲述和说明性讲述都属于独白性语言，对于儿童的语言组织的结构、逻辑性都有一定的要求。此外，叙事性语言与说明性语言又是两种截然不同的语言形式，这也无形中让幼儿对于这两种语言形式产生了较强的敏感性，叙事性的语言形式也会在小学学习中体现为叙事性的故事类课文，说明性的语言形式体现为数学、自然课等学科中的学业语言。

（二）早期书面语经验的启蒙及其与书面语发展之间的关系

早期书面语言包括前阅读、前识字和前书写，三个"前"表示儿童在学前阶段的书面语教育处于启蒙阶段，也处于小学学习书面语言的衔接阶段。

前阅读使幼儿通过"从图画到文字"的规律逐渐获得阅读经验，产生对阅读的兴趣，形成良好的阅读习惯，建立起图画与文字、口头语言与书面语言之间的关系，并逐步领悟一定的阅读策略。**前识字**使幼儿获得有关符号和文字在功能、形式和规则上的意识，在有意义的情境中逐渐认识文字这种特殊的符号，并能与语音建立起对应关系，学会多种识字策略。**前书写**是儿童通过涂鸦、图画、像字而非字的符号、接近正确的字、真正地写字这一系列的发展过程获得纸笔互动的经验，并逐步学会用书面语言来进行表达的一种学习形式。通过上述三种类型的书面语学习，儿童逐渐建立起三维的书面语学习经验。幼儿园很多语言教育活动都可以围绕着前阅读、前识字和前书写来进行，以便为幼儿入学后的书面语学习打好基础。

（三）早期文学语言经验的启蒙及其与书面语发展的关系

早期文学语言是一种特别的语言学习经验，文学语言作为一种高质量的书面语言形式，也让儿童逐渐体会到诗歌、童话、散文等文学作品的价值，学会感知、欣赏文学中的美并尝试表达。这为儿童进入小学后对文学性书面语的学习奠定了基石。

从对学前期儿童语言学习经验的分析中可以看出，儿童的书面语发展与启蒙应该以口头语言起步，逐渐发展起对书面语言的认知，再通过适当的文学语言让儿童更深层次地感受和理解语言的美和价值，最终实现语言类学科知识学习的早期准备。

三、数概念发展与数学准备

数概念可以说是一种抽象的概念，幼儿从对具体事物的认知，发展到对于不同物体的属性的认知，逐渐建立起从无序到有序、从具体到抽象、从单个到群体等的认知体系，从而建立起对这个世界潜藏的数学规律的认识。

《指南》中提出学前阶段数学认知的几个目标：初步感知生活中数学的有用和有趣；感知和理解数、量及数量关系；感知形状与空间关系。翻开小学一年级数学课本，可以了解到一年级第一学期的教学内容主要集中在以下几个方面：10以内的数，10以内数的加减法，20以内的数及其加减法，识别图形，整理与提高。要想让孩子顺利衔接这些课本的教学内容，学前阶段的启蒙教育非常重要。

黄瑾对学前儿童数学学习与发展的核心经验进行分析，提出了学前阶段儿童的数学启蒙应包含以下几个方面：集合与模式、数概念与运算、比较与测量、几何与空间。而这几个方面也与小学的数学学习内容相吻合。这几个方面在学前阶段幼儿的数概念发展与数学启蒙教育中能够发挥什么作用呢？

集合 集合是幼儿思考和学习的基础，尤其是形成数概念系统的基础。幼儿具备基本的集合概念后，可以用物体的属性来对物体进行匹配、分类，组成不同的集合，并对不同的集合进行比较，感知物体之间数的关系。

模式 模式是数学本身最重要的特质，可以说所有的数学都建立在模式和结构的基础上。模式反映的是客观事物与现象之间的本质的、稳定的、反复出现的关系，是对事物和对象之间隐蔽性、抽象性的规律特征的认识。例如，"红绿蓝红绿蓝红绿蓝……""拍手跺脚拍手跺脚拍手跺脚……"幼儿通过逐渐识别模式，对事物进行预测和归纳概括。

数概念 从唱数到一一对应，从……到可以一眼识别出小集合数量，……逐渐提升。在这个过程中，幼儿逐渐掌握计数的基本原则，如固定顺序原则、一一对应原则、顺序无关原则、基数原则。

数运算 数运算恐怕是目前幼小衔接过程中教师和家长关注的重中之重了。到了小学，老师就开始考察儿童的听算水平，这就要求儿童既能熟练地进行运算，还要保证速度和准确率。然而，要达到这样的水平，不是一蹴而就的，儿童需要从具体的真实情境中将数学抽象出来，例如将 3 个苹果 + 2 个苹果 = 5 个苹果，抽象为 3 + 2 = 5。儿童还可以逐渐了解数量的变化，如组合和分解，用不同的策略进行数运算。数运算能力从动作水平发展到概念水平，数运算的方法从逐一加减到按数群加减。有了较强的数运算能力，并掌握一定的策略和方法之后，就可以较好地与小学数学学习经验衔接起来。

比较 量的比较是儿童对于客观世界中物体或现象所有可以定性或测定的属性进行比较，如大小、长短、高低、快慢等，发展出从明显差异到不明显差异，从绝对到相对，从不守恒到守恒，从模糊、不精确到逐渐精确的量的比较。

测量 测量是最实用的数学技能之一，可以让幼儿发挥动手操作的机会，解决真实的数学问题，发展数学思维。幼儿使用自然物（如绳子、笔、手指甚至是自己的身体）作为非标准测量物对物体进行测量，由此开始理解测量单位的特点以及物体的属性特征，从而开始认识到标准单位的必要性并尝试使用。

看似复杂庞大的学科素养启蒙到底应该如何做呢？俗语说"治大国，若烹小鲜"，教育丝毫不亚于"治国"，也如同烹小鲜一样，只有把握好火候、佐料的多少、不同食材投入锅中的先后顺序，才能把小鱼做得既保有鲜味又不失营养。在儿童语言与数学的启蒙教育中，只要把握好烹饪的"道"，就能做好，这个"道"将在下面内容中作以剖析。

第 2 节

学科知识的早期准备策略

学科知识学习的早期准备是一项系统性工程,需要多维度的学科知识准备,同时也要辅以其他能力的培养,才能帮助儿童做好幼小衔接。

一、学习品质的培养

在进行知识准备的同时,需要关注幼儿学习品质的培养,这一点经常被家长和老师忽略,可往往起到至关重要的作用。

《指南》中提出要"重视幼儿的学习品质""幼儿在活动过程中表现出的积极态度和良好行为倾向是终身学习与发展必需的宝贵品质"。何谓学习品质?国内外对于学习品质没有完全一致的定义。Scott-Little 等人对美国各州早期儿童学习与发展标准进行分析后,提出学习品质包括对新任务和挑战的好奇、反思与解释、具有发明创造和想象力,具有主动性、坚持性和专注力等方面。在中国文化情境下,通常认为儿童应听话、自律、勤奋、谦虚,这受到我国儒家文化思想的影响。《指南》明确了儿童的学习品质,主要包括儿童的好奇心和兴趣、主动性、专注力、坚强的意志品质、探索和探究能力以及想象与创造。张莉、周兢使用《亚太学前儿童发展量表》研究儿童学习品质的发展及其与早期语言和数学能力的关系,发现儿童学习品质对早期语言和数学能力具有显著预测作用,其中自我控制能力对两项学业能力的预测作用都最强,因此在学前阶段应加强儿童学习品质的培养,良好学习品质对其学业发展起到重要的促进作用。

在本讲开篇的案例中，芸芸就存在着坚持性和专注力较弱的问题，这个问题也影响了她的学习表现。因此，除了学科知识的掌握外，必要的品质培养也是不可或缺的。

由此可见，学前阶段需要通过各种方式渗透培养幼儿的学习品质。

二、语音能力发展的早期准备策略

尽管语音是非常抽象的，但通过教育是可以促进其发展的。国外大量的语音干预研究发现，对音位意识、语音、词汇、流畅性和理解这五个成分的干预教育可以极大提高儿童的语音意识，改善其基础学习力。研究者采取了很多方法，如分割、综合、分辨、替换与删除音、形–音对应、听音–书写等训练，帮助儿童提升语音能力。在幼儿园阶段，可以通过游戏发展幼儿的语音能力。例如，对小班幼儿可以从简单的听声音辨别物体、辨别不同场景下的说话声音着手；中班可以采取模仿语音任务的"鹦鹉学舌""打电话"等游戏活动；到了大班，开展词语分割和组合任务、挑选不同的音等语言游戏活动，比如，"大"和"红花"可以组成"大红花"；大红花，去掉大，剩下的是什么？如果把"大"换成"小"就变成了什么（小红花）？

三、书面语学习的早期准备策略

针对书面语学习的早期准备，在上一节中已有初步的介绍，可以说应该先从口头语言入手，再逐渐培养幼儿的书面语言能力，同时也让幼儿感知与体会文学语言的美感。

（一）口头语言学习的早期准备策略

1. 谈话学习的早期准备策略

谈话学习需要关注幼儿三方面经验的获得：①良好的倾听习惯和能力，在他人谈话的时候能够主动、安静、有礼貌地倾听；②掌握并运用交流和表达的规则，如知道谈话时要轮流说话，采用礼貌用语，表达前示意等；③初步运用谈话策略，能够采用多种方式来辅助交流和表达，能围绕主题发起话题，当对方对表达的内容理解不清时，会补充表达，并能够维持谈话。

为了发展幼儿谈话学习的经验，首先需要创设积极的语言交往环境，通过多种途径充实与丰富儿童的经验，让他们有内容可讲；选择贴近幼儿生活、学习的谈话主题，让幼儿有意愿参与谈话；通过鼓励、示范，为幼儿创设一个宽松、积极的谈话氛围，让幼儿敢谈并能够自由地谈。其次，要在幼儿学习与生活的各个环节中促进其谈话经验的发展。

2. 辩论学习的早期准备策略

辩论学习需要关注幼儿三方面经验的获得：①解释并坚持自己观点的经验，因为辩论是互动的语言形式，它需要向他人说清楚自己的观点，也需要在他人反驳的时候，坚持自己的观点并反驳他人观点；②运用恰当方法进行辩论的经验，辩论有很多种方法，如陈述、假设、对比、反问、举例等。通过辩论活动的开展，可以让幼儿掌握一些基本的方法，并锻炼其思维方式；③理解和尊重别人观点的经验，辩论的时候也要有接纳不同观点的胸襟，态度上尊重人，也尊重不同观点。

为了发展幼儿辩论学习的经验，首先，要选择幼儿感兴趣的辩题，比如近年来的三胎政策，关于有弟弟妹妹好还是不好的问题，不少孩子都很感兴趣，有弟弟妹妹或哥哥姐姐的孩子可以列举一些相处时有趣的经历作为有弟弟妹妹好的证据，或提供一起玩耍时的照片，并进行描述。对于此类辩题，孩子们大多都有自己的观点和认识，又因为不同的孩子可能会持有不同的观点，也不太容易出现一边倒的情况，因此可以作为辩题。其次，要用恰当的方式引出辩论话题，比如可以通过近期一起观看的电影、一起阅读的绘本来引出辩题，有情境的辩题可以让幼儿更容易自然而然地参与辩论。然而，因为孩子的辩论经验较少，生活经验也比较缺乏，因此在辩论过程中还需要成人的辅助和支持，引导幼儿围绕话题进行辩论，有效地修补可能中断的辩题，让辩论能够有效地进行。

辩论学习的目的不在于让幼儿学会真正的辩论，甚至总是以辩论赛的形式来进行，而是让幼儿通过辩论学习，获得不同形式的口头语言经验，同时也为今后学习辨析类的课文打下基础，培养辩证的思维方式。其实，在日常谈话时，我们有时也会遇到需要讨论与辩论的情况，这也是语言发展的一种机会。

3. 叙事性讲述学习的早期准备策略

叙事性讲述学习需要关注幼儿三方面经验的获得：①使用较为丰富多样的词句讲述，能够使用丰富的名词、动词、形容词以及陈述句、疑问句等不同的句型进行讲述；②有条理地组织讲述内容，让幼儿从有内容地讲述到有顺序地讲述再发展到有逻辑地讲述；③感知独白语言的语境，幼儿能够独立构思并在集体面前讲述，初步感知听众的特征和需要，能够采用一定的方法吸引听众的注意力。

为了发展幼儿叙事性讲述的能力，可以在日常交流中引发幼儿叙事，比如晚餐时间跟孩子聊聊白天发生了什么事，也可以让幼儿复述看过的绘本里的故事。成人还可以创设情境支持儿童在游戏中叙事，比如以角色扮演的方式代入故事情境来叙事，儿童可以用旁白的形式，也可以用第一人称的形式来叙事。此外，还要鼓励儿童并提供机会让他们在集体面前进行叙事性讲述，如参加故事大王的比赛，也可用新闻播报的形式让孩子体验当小主持人。

叙事性讲述与书面语之间也有着不可分割的关系，儿童叙事性语言的习得大多受益于故事类绘本的阅读经验，而叙事性讲述是一种将理解的内容表达出来的过程，在表达过程中促进儿童更加关注如何组织要讲述的内容，也更加关注书面语言的表达方式和内容组织方式，二者相辅相成，互相促进。

看图说话也是用来检测与评估幼儿叙事性讲述能力的一种常用方式。以图 4-3 中的四幅图为例，"上学路上"这一主题提示幼儿关注画面情境，在讲述前，儿童需要观察每一幅图的画面细节，包括人物的表情、动作来推断发生了什么事，并讲述每幅图中的场景。在讲述过程中需要对不同的画面进行有逻辑地排序和梳理，用连词将四幅图画中的内容连贯起来。讲述过程中需要按照时间、人物、地点、事件的起因、经过和结果等要素进行描述。对于画面细节的观察能力只有通过丰富的绘本阅读经验才能逐渐培养起来，这也正是口头语言、书面语言发展与启蒙教育之间紧密联系的体现。

图 4-3　看图说话示例《上学路上》

（二）书面语言学习的早期准备策略

1. 从前阅读到阅读

周兢根据幼儿阅读一本图画书的历程，将幼儿"前阅读"的核心经验划分为三个范畴：一是养成良好的阅读习惯和行为，获得图画书的基本概念，形成正确的绘本阅读行为；二是理解阅读内容和形成阅读策略，培养对不同类型绘本的认知与敏感性，用适当的策略来理解绘本内容；三是阅读内容的表达与评判，即在阅读故事类绘本时，儿童能叙述阅读内容，并在生活中回忆和迁移，对绘本的人物特征、故事主旨形成自己的理解和判断，而在阅读知识类绘本时，能够用说明性的语言描述书中的科学概念，逐步形成对某事物或现象的科学认知。

除了上述内容外，儿童还可以通过积累一定的阅读经验，逐渐建立起对不同类型绘本的敏感性，从而为今后小学的语文阅读学习打下基础。

为了帮助儿童获得前阅读学习的经验，可以采用以下几方面的策略：首先，认真阅读理解图画书的三种"语言"，即文学语言、美术语言和教育语言。让孩子阅读之前，成人一定要先阅读，理解与欣赏绘本体现出来的特点，再跟孩子一起阅读。其次，通过有效地提问与互动，提升儿童的理解水平，提问的角度可以从上述三种核心经验入手。最后，也要相信孩子，给孩子一定的自由度独立阅读，再与孩子一起阅读。研究发现，幼儿在独立阅读时，往往会通过联想、假设、猜测等方式结合自身已有经验来理解绘本内容，然而一旦成人给幼儿讲读后，再让幼儿讲述理解内容，会发现幼儿的思维反而受到很大的限制，放弃使用一些策略来理解绘本内容。可见，幼儿的阅读需要不同的形式，也需要一定的自由，方能逐渐积累阅读经验，提升阅读能力。

当儿童开始具备一定的阅读能力后，辅以拼音学习的经验，就可以迅速掌握阅读的策略与规律，在学前阶段激发幼儿对阅读产生浓厚的兴趣，能够为终身阅读打下良好的基础。

2. 从前识字到识字

汉字是一种特殊的文字符号，可以说是世界上最复杂的一种文字。对于学前阶段的幼儿来说，需要知道文字与符号能够表达一定的意义，知道文字有记录的作用，能够将口头语言或信息记录下来，并能够理解文字、符号与口头语言之间一一对应的关系。而汉字的组成有一定的规律，幼儿需要积累前识字的经验后才能了解汉字组成的规律，甚至可以通过猜测、情境线索、语法线索和部件线索来认识汉字。

对于幼儿前识字经验的培养，需要关注几个方面，包括获得符号和文字功能的意识，知道文字和符号能够表达意义，具有记录作用，能将口头语言或信息记录下来；还包括发展符号和文字形式的意识，能区分有意义的符号、文字与绘画，知道汉字是方块字，具有独特形式；也包括形成符号和文字规则的意识，了解文字在构造上有一定规律，在生活和阅读中，有意识地利用这些规律来习得汉字的含义或读音。

培养儿童的前识字经验需用游戏形式作为载体，让幼儿在游戏中认识汉字、理解汉字，比如用形象的图形在字与其象征的含义间建立联系，或在情境中自然而然地引发幼儿的兴趣，再逐渐建立起实物与文字之间的联系，从而识别汉字的字形和字义。

幼儿从了解汉字的结构，到能够识别同类汉字，比如有相同部首的汉字，再到逐渐建立起字形与音义之间的关系，即可从前识字逐渐过渡到认识真正的汉字。

3. 从前书写到书写

幼儿虽不会写字，但用书面语言来表达并非不可能。幼儿在进行书面表达时，往往会通过一幅画来表现（见图4-4）。

图4-4 中班幼儿的画《我的一家人》

但这样的方式无法让所有人都看懂，因为这并非通用的符号体系，因此需要让幼儿知道如何用一字一音对应的方式，采用一定的策略创造性地通过符号来表达。

如图 4-5 所示，幼儿采用了多种策略来进行书写表达，如同音表达、同义表达、符号代替等方式。这其实就是汉字的雏形，要知道汉字最早也是象形文字，这就是用一种图画的形式来表达，比如"门"就形似门，在幼儿的创意表达中，也通过画门来表示门这个汉字，汉语中有表音字和表义字，这也是幼儿表达中使用的策略。幼儿还发现，同一个字可以用相同的符号表示。通过这样的表达体验，幼儿逐渐理解汉字的功能、结构规则，从而在学习真正的汉字时也能更快理解其含义。

图 4-5　创意前书写《秋游邀请信》

（三）文学语言学习的早期准备策略

文学可以说是书面语的一种独特类型。近年来，我国开始盛行古诗词及各种文学作品的朗诵，这些文学作品不仅是中国独有的文化瑰宝，还是传承中国文化的重要途径，也让儿童领略了书面语言的美，更让儿童学会感知美、欣赏美、体验美。

儿童文学语言的学习包括文学语汇、文学形式和文学想象三个方面。在文学作品中，汉语语汇的巧妙组合形成了文学的意境美，有些语句抒情、优美，有些文体朗朗上口，还有些文学作品使用了不同的修辞手法——比喻、夸张、排比、反问、顶针、反复，可以让儿童感知不同修辞手法带来的文学效果。我们可以通过阅读帮助儿童获得文学作品中的新词汇，理解与欣赏文学作品的画面、内容和意境，为儿童运用文学语言形式进行创意表达奠定基础，提高儿童对不同样式文学语言风格的敏感性。

文学形式指的是我们通常说的体裁。幼儿经常接触的文学作品包括以下几类：诗歌、故事和散文。诗歌的形式特征集中表现在节奏和韵律、句式结构上。在儿童朗读的过程中，可以让他们跟读韵律感强的儿歌或童谣，感知音韵美，逐渐发展到能够尝试调动自己的生活经验，尝试运用文学语言根据重复性的诗歌语句来进行仿编，在孩子的心中种下文学的种子。

文学想象是文学作品学习中的重要手段。心理学中将想象分为再造想象和创造想象两种。再造想象是根据文字描述在脑海中复现的场景，创造想象是通过创造意境、画面来进行想象，幼儿可以结合已有的生活经验，也可以完全天马行空地想象。而在小学语文学习中，文学想象也是不可或缺的，这不仅体现在儿童学习文学作品时，更体现在儿童用书面语言进行文学创作时。

考试中作文成绩高的孩子往往在文学学习方面有较好的基础，能够较为灵活地将恰当的语汇、文学形式中不同的修辞手法和表现方式，以及丰富的想象力结合起来，最终写就一篇美文。

书面语的学习准备策略看似繁杂，实则有迹可循，要全面系统地认识和理解，才能准确地把握儿童书面语学习的早期准备策略，从而在学前阶段做好充分的准备，帮助儿童顺利过渡。

除了书面语的学习经验准备外，数概念的学习也起着至关重要的作用，小学阶段的主要课程就是数学和语文，因此数概念经验的积累也不可忽视。

四、数概念学习的早期准备策略

如前所述,数概念的学习包含集合与模式、数概念与运算、比较与测量、几何与空间这几个方面。下面分别解析这几个方面的早期学习准备策略。

(一)集合与模式学习经验的早期准备策略

1. 集合学习经验的早期准备策略

儿童根据物体的属性对物体进行匹配、分类,组成不同的集合。例如,可以根据物体的颜色、形状、大小、材质、功能、数量等进行分类。

以图 4-6 为例,幼儿可以按照形状分类,也可以按照大小分类,还可以按照是空心还是有阴影来分类,或按照"是星星"和"不是星星"来分类。这样的分类其实是在考验幼儿是否可以在多种不同属性的几何图形混合的情况下,按照一定的要求进行匹配和分类,这就是集合的经验准备。

图 4-6 匹配与分类

此外,幼儿要知道如何对集合进行比较,感知其关系。比如,家里来了客人小朋友,有巧克力和牛奶糖可用来招待,可是小朋友来的数量比较多,而两种糖果的数量不一样,孩子可能在对集合进行比较后,再选择其中一种糖果分发给来访的小朋友，这就是对不同类别的物体依据数量的多少进行比较。孩子首先要有集合的概念，再进行数量上的比较，从而获得一种解决方案。

为了培养幼儿集合的学习经验，需要利用日常生活中的各种机会，引导幼儿发现事物的共同特征，培养他们的抽象概括能力，根据不同的年龄特点施以适宜的教学方式，提供有多种维度差异的感知操作材料，在此基础上指导幼儿学习分类。

2. 模式学习经验的早期准备策略

对于幼儿来说，对模式的认知可以帮助他们理解数学自身独特的结构，以及数、几何、测量等之间的关系，从而获得有效的数学图式，这甚至会为今后学习函数、代数等奠定良好的前期经验基础。模式有各种各样的类型，按照形式划分可分为重复性模式、发展性模式、循环模式、滋长模式和变异模式等。重复性模式指的是可以被预期的结构重复的模式，如红－绿－蓝－红－绿－蓝－红……发展性模式指的是按照同一规律发展变化的模式，如12，122，1222，12222……循环模式指的是循环往复的模式，如春－夏－秋－冬－春－夏－秋－冬，一天24小时时间的变化等；滋长模式如0，00，000，0000……变异模式是模式的结构中有一小部分是不断变化的，而其他部分都是不变的，如561，567，560，562等。

幼儿对于模式不同类型的结构呈现方式的感知与理解，有助于他们发展预测、归纳概括的能力，这两种能力都是数学学习中需要具备的核心素养。教师可以让孩子模仿成人已经搭建的模式去进行复制，并让孩子从视觉、听觉、动觉上去感知模式的规律性，尝试探索不同的模式类型，由此认识规则、确认与验证规则并最终能够扩展模式。

除了认识模式的规律性、重复性、稳定性、可预测性外，模式还有一个多样性的特点，就是说同样一种模式结构可以用多种不同的方式来表征。同一种模式可以是不同的表征形式，比如ABABAB，也可以是121212，还可以是黑白黑白黑白。幼儿通过对不同表征形式的模式的感知，逐渐发展到认识这三种表征形式都是同样的一种模式，这实际上不仅表明孩子有观察能力、总结能力，还表明对模式的多样性有了一定的感知与理解。成人要做的就是帮助孩子获得并发展这些能力。对于幼儿来说，他们的抽象思维的水平尚且较弱，更倾向于以直观的方式理解事物，因此应当在各类活动和游戏中让孩子通过视觉、口语、动作去感知模式的特点。

（二）数概念与运算学习经验的早期准备策略

1. 计数学习经验的早期准备策略

计数是幼儿数概念发展的基础。通过计数，幼儿可以确定一个集合中数量的多少，以及质量数量的多少、对等概念，在计数的时候，也需要对物体以数命名，还可逐渐理解序数和基数。

计数有四个原则：固定顺序原则、一一对应原则、顺序无关原则、基数原则。固定顺序原则指的是按照1、2、3、4、5、6……这样的顺序来计数。一一对应原则指的是幼儿点数时一对一地进行点数。顺序无关原则指的是一个集合的数是固定的，那么从左到右数、从右到左数、从里到外数、从外到里数得出的结果都是一样的。基数原则指的是能够理解计数到最后一个的数词表示这个集合的总数。幼儿在积累了一定的计数经验后，能够很快感知小集合的数量。

儿童的计数从口头数数发展到按物数数，再到说出总数，最后到按群计数；从用手点数的方式计数，逐渐发展到用眼睛代替手来点数；从大声说出数词数数，到小声说出数词，最后发展到默数。这是幼儿计数经验发展的规律。

要想发展幼儿计数经验，需要在日常生活和活动中进行计数练习；还可运用实物玩具在真实情境下帮助幼儿理解计数。此外，也要鼓励幼儿在计数活动和游戏中加强数学经验的交流。

2. 数运算学习经验的早期准备策略

幼儿数运算的经验主要有三个方面，一是集合的组合（加法）和分解（减法）；二是可以根据数量的属性进行集合比较，还可以根据多、少、相等进行排序；三是一个整体可以分成几个相等或不相等的部分，而这几个部分又可以合成一个整体。

幼儿数运算的能力发展有几个特点：从动作水平逐渐发展到概念水平，即幼儿从只能用具体的实物通过动手摆弄操作的方式进行数运算，逐渐发展到呈现算式"3+5=？"就可以运算。数运算的方法从逐一加减到按数群加减。

基于幼儿数运算经验发展的特点和要点，可以通过实物操作、创设情境，让幼儿在真实的情境中学会用运算解决问题；此外，还需要学会用多种表征形式进行数运算，如口语表征、符号表征和图形图表表征；也可借助数的组成，通过口述应用题的方式，促进幼儿抽象数运算能力的发展。

数运算可以说是小学低年级数学学习的主要内容，因此数运算的培养极其重要。幼儿在小学前需要学会 20 以内的加减法，这就要在学前阶段逐渐培养。到了一年级第一学期，不仅要会做加减法，还要有一定的速度和准确性，这既需要幼儿理解抽象的运算，更要通过记忆的方式熟记加法表和减法表，方能做到快速准确地运算。

（三）比较与测量学习经验的早期准备策略

1. 量的比较学习经验的早期准备策略

幼儿对于世界的认知，是如何产生比较这一概念的呢？首先需要对事物的属性有一定的认识，如大小、轻重、长短、多少等，有了对属性的认识，才能进行量的比较。而量的比较具有相对性和传递性的特点，以高矮为例，小明比小红高，小东又比小明高，这就是相对性，跟不同的比较对象进行对比就可能会产生不同甚至相反的结果。传递性指的是从几个比较的结果可以推知另一个比较的结果，比如 X>Y，Y=Z，就可以推知 X>Z。通过语言表达识别和描述特定的属性，如"更"重、大、长等，能够用这些方式进行表达，也是儿童数学思维抽象性水平的具体反映。幼儿对于量的比较可从明显差异发展到不明显差异，逐渐感知差异较小的不同量的属性，其认知经验也从绝对发展到相对，从而理解量的相对性；幼儿的量的比较的经验发展还体现在从不守恒发展到守恒，比如了解一个物体形状的改变并不会影响其重量。幼儿对量的比较的认知经验从模糊、不精确发展到逐渐精确，比如幼儿的语言表达能力尚未发展起来时，对于不同的属性表达并不准确，例如，只会用大小来描述轻重、长短等概念。

为了发展幼儿量的比较的经验，需要运用各种感官感知、比较物体的量，包括用目测的方式进行比较，用触觉比较，用动觉感知比较，联系生活情境进行比较，体验量的差异。

2. 测量学习经验的早期准备策略

什么是测量？就是把一个待测定的量与一个标准的同类量进行比较，并用计量单位说明测量的值。对于学前期的孩子来说，通常会使用自然测量的方法进行测量，比如用一截绳子、一块积木，甚至是自己的身体来测量一个物体的长短、高低、轻重、大小等，这是用孩子能够直接感知的易接触的物品进行测量的方式。孩子在测量过程中，需要了解测量单位的大小必须相等，且必须是不间断的或没有重叠的。在进行比较与测量时，首先要知道物体都有自己的属性，比如大小、轻重、高低、长短，这是比较与测量的基础。在测量时，还要理解计量单位越小，测量的物体中包含的单位数量就越多，也就是说长度为1米的物体，如果用"分米"为单位就有10分米，用"厘米"为单位就有100厘米，用自然测量的方式亦然。

为了培养孩子的测量学习经验，需要发现真实生活情境中的测量问题，结合日常生活开展测量相关的活动。例如，在运动活动中测量谁跳得最远，可以用脚来测量，也可以用树枝来测量，不同长度的树枝测量的量数不同，越短的树枝测量的值越多。还可以利用绘本、玩具来促进孩子理解测量概念。

（四）几何与空间学习经验的早期准备策略

1. 图形学习经验的早期准备策略

形状是物体的属性之一，数学概念中的图形通常包括二维（平面）和三维（立体）两部分。学前阶段幼儿需要对平面和立体图形进行认知，平面图形包括圆形、三角形、正方形、长方形、椭圆形和梯形等，立体图形包括球体、圆柱体、立方体和长方体等。幼儿对于图形的认知需要借助对图形特征的分析和比较。图形之间还可以进行组合和分解，七巧板就是一种经典的图形组合与分解的平面图形玩具，图形的分解还可以加入等分的概念，比如对圆形的分解。此外，还要进行图形的变换，包括移动、翻转或旋转变化等，这对于今后掌握集合定理很有帮助，而图形的守恒原理也让图形无论如何变换都能保持守恒的属性。儿童对于图形的认知从拓扑图形发展到欧氏图形，从局部粗糙地感知到较为精确地辨认，其抽象思维能力、空间认知水平也随之不断地发展。

为了发展幼儿对于图形的认知，需要提供多样化的图形示例，接触多种图形的变化，引导他们用精炼准确的语言来描述图形及其特点，例如，正方形有四个直角；圆形可以六等分，圆形的边是弯弯的，连在一起就组成了一个圆。儿童对于图形的认知，还需要通过观察、思考、描述、预测等行为进行图形的理解与表达。

2. 空间方位学习经验的早期准备策略

空间方位与图形学习关系密切，儿童最初对于空间方位的认知是对自己身体的空间方位的认知，比如前后左右的认识。空间位置关系有相对性、连续性和可变性三个基本特性。幼儿在认识方位的同时，成人通常会通过幼儿的描述来了解幼儿是否正确地认识空间方位关系，因此，语言的描述、命名和解释空间关系也是儿童需要获得的空间方位学习经验之一。除此以外，幼儿还要学会用大脑中的视觉图像来表述和操作图形、方向和位置等，这些都是幼儿建立空间认知的基础。幼儿对于空间方位的认识经历从上下到前后，再到左右，从以自身为中心发展到以客体为中心，从对近区域的认知逐渐发展到对远区域的认知。

为了发展幼儿的空间方位学习的早期经验，需要充分利用生活情境来感知与认识方位；同时，在了解幼儿对于空间方位认知发展的规律后，需要关注幼儿空间方位认识的重点和难点，分阶段循序渐进地发展幼儿的认知经验。

五、其他方面的准备

除了以上学科知识准备外,学前阶段还需做好以下两方面的准备,以辅助幼儿更快地进入小学学习状态,并能在掌握基础知识的同时做好前期的经验准备。

1. 精细动作及控制能力

进入小学后,儿童就开始学写田字格了,汉字可以说是全世界最复杂最难书写的文字。以图4-7的"左"字为例,每一个笔画起笔落笔的位置、撇捺的角度、短横长横的书写方式都有讲究,这需要儿童有较强的手部精细动作把握能力和视觉的方位认知水平,这些能力就需要在学前阶段来培养。

图4-7 对汉字笔画的方位认知

2. 适当的基础性知识记忆

有些家长比较崇尚快乐教育和素质教育,却对这两个教育理念的认识走向了极端——凡是死记硬背的知识,都不符合这两种教育理念。实则不然,对于中国古人已经总结出来的学习规律,我们并不需要通过所谓自然学习的方式来习得,而应鼓励孩子将前人总结出来的规律进行记忆。比如加法表和减法表,通过记忆后可以让儿童快速算出结果,提升计算的准确性和速度,而计算是数学学习的重要基础,这为小学数学学习打下较好的基础。此外,锻炼孩子的记忆水平对于提升孩子的专注力、大脑执行功能也有一定的益处,因此,不妨让孩子通过适当的背诵提升学习品质、夯实知识基础。

给教师的建议

从以上两节的内容来看,学科知识准备的确包含很多方面,仅书面语的学习就包括数十个细分的块面,数概念的发展也包含八个方面,可见学科知识准备具有复杂性、多样性、专业性等特点,这对教师的要求也比较高,如何进行恰当的、符合儿童认知发展特点的幼小衔接就显得尤为重要,需要幼儿园和教师从以下几个方面着手。

1. 心中有数,才能忙而不乱

无论是哪一类知识的学习,教师都要对这一类的知识在学前阶段必要的学习经验进行详细而又深入全面的了解,要吃透每一类知识的学习特点和准备策略。当心中有数时,才可以在各个环节有意无意地渗透学习的重点和关注点。要做到心中有数,就要做到两个理解:

(1) 理解儿童语言与数学的知识准备要点

教师首先需要融会贯通地学习与理解上述两节中介绍的两大学科知识准备的要点。以语言为例,不仅知道它包括口头语言、书面语言和文学语言,还知道这三种语言类型涵盖的亚类型;不仅要了解每种亚类型的概念,还要理解在儿童发展的过程中如何循序渐进地培养孩子的语言能力;此外,还需了解对于幼儿来说,首先需要培养的是口头语言,在具备一定的口头语言经验后,结合书面语言来培养不同类型的语言学习经验,同时让幼儿感知、欣赏文学语言,用口头语言的方式体验文学语言的韵律美、形式美、意境美,并逐渐学会仿编和创编文学作品。

(2) 理解幼儿学科知识发展与认知发展之间的关系

儿童的教育一定要循序渐进,不可拔苗助长,任何事物的发展不可能一蹴而就,儿童的发展亦如此。因此,教师首先要了解儿童的认知特点,再使用适合其特点的方式来教学。以计算为例,孩子的思维发展是从具象发展到抽象的,当他们还不具备抽象思维能力时,对于多少、加减的概念通常会通过实物操作的方式来获得,只有具备初步计算经验和一一对应的经验后,才能逐步在实物与抽象的数字之间建立起对应关系,从而逐渐发展到用抽象的数字直接进行运算。

做到这两个理解,教师在设计学习活动的时候,就可以在一日生活的各个环节来渗透学科学习的各个知识点。例如,在晨间谈话活动时,让幼儿学会倾听他人,并能够围绕话题组织内容谈话;在运动活动时,教师可以用不同的模式组合不同的体育器械,设计与模式相关的指令让孩子们完成运动任务。学科知识的渗透未必只能通过集体教学活动来实现,任何类型的一日活动都可以不着痕迹地体现学科知识,从而让孩子们在不知不觉中做好知识准备。

2. 以游戏为主的教学激发兴趣,并关注从游戏到教学活动的过渡

游戏是幼儿主要的学习形式。通过游戏,幼儿可以逐渐产生学习与探索世界的兴趣,也可以在潜移默化中自然地感知与习得关键经验,在知识准备的过程中更应如此。如果单纯地以教知识为目的,最后可能会让幼儿逐渐丧失学习的积极性,认为学习是一件枯燥乏味、难度较高、很难理解的事,这对于幼儿今后的发展是极为不利的。因此,提倡在学前阶段以游戏为主要形式来进行教学。

以叙事性讲述为例,教师可以做三个叙事骰子,将6个特定的名词和图画分别粘贴在时间、地点、人物三个骰子的六个面上,幼儿通过掷骰子根据骰子正面出现的要素进行串联讲述,这就可以在自由游戏的环节让幼儿通过单独游戏或与同伴合作游戏来锻炼叙事性讲述的能力。相比于集体教学活动,这样的形式不仅具有一定的游戏性,还可以通过合作让幼儿彼此之间互相支持,形成同伴支架。小学老师要充分了解幼儿学习的游戏性特点,在入学准备的教学形式上要从游戏活动逐渐过渡到课堂教学活动,不能一开始就"满堂灌",可以参考幼儿园阶段的游戏活动,结合小学教学内容组织教学。

3. 从创设真实的情境到脱离情境

在发展幼儿语言和数学的学科经验时,有一个从具体到抽象的过程。孩子的认知水平还未发展到可以进行抽象学习的阶段前，教师需要用实物、动作、故事场景模拟等多种方式，创设真实的情境，让幼儿用自己已有的生活和知识经验去感知和理解，在此基础上逐渐发展出对事物的抽象概念的理解。

就语言发展来说，以"前书写"为例，人类的语言其实就是一种抽象的符号，幼儿要想理解这种特殊符号的含义，就要在真实的情境中去生发一个需要书面表达的场景，在这样的情境下幼儿逐渐了解文字的工具性意义，从而识别文字、模仿文字，到学会真正地书写，这是一个循序渐进的过程。

在日常生活中创设真实的情境，也符合幼儿的认知发展特点，即从本体到客体的认知过程，通过自己操作或以身体为主体幼儿逐渐发展出可以脱离情境的客体感知，逐步发展自己的认知水平，对语言、数学等学科知识的学习也会逐渐获得深度和广度上的发展。

4.通过多种方式渗透学科准备学习的要求

在幼儿学习的过程中，切忌为教而教，大多数孩子不会对这类活动感兴趣，而且整个活动看起来既严肃，又无趣，孩子的注意力保持的时间本来就短，这样的教学方式是违背幼儿发展特点的。因此，倡导通过多种方式进行学科准备学习的渗透，具体可以参照以下几个方面。

（1）一日生活中的渗透：其实幼儿在园期间，一日生活皆学习，幼儿的晨间谈话、洗手的方法、活动转换环节的儿歌等都可以渗透学科知识经验的准备要求。

（2）不同领域活动中的渗透：语言的学习未必只能在语言类型的活动中实现，在科学探索活动、美术活动、运动活动中都可以体现。相同地，数概念的获得也完全可以借助非数学学习活动来实现。

（3）集体教学与个别化学习活动中的渗透：在幼儿园里，有不少老师会将关键性的学习目标放在集体教学活动中体现，其实幼儿仅从集体教学活动中学习是远远不够的，还需要尝试区角游戏等个别化学习活动，从而在宽松自由的氛围内自主探索。幼儿的学习急不得，一个班里孩子的认知发展水平和学习能力的发展也是参差不齐的,因此针对不同发展水平的孩子,作为教育者应该因材施教,而个别化学习活动正是适宜的教学方式。

5. 通过整合性的教育活动帮助孩子潜移默化地学习

在教育中,已经有一种倾向,就是学科之间的整合性、综合性越来越强,孩子的学习再也不是孤立地学习某个学科了,而应该是在整合性的学习中潜移默化地获得各领域的知识。

例如,幼儿教育中的瑞吉欧项目式学习、IB 课程、STEAM 等都开始强调整合性的学习、基于问题的学习、基于项目的学习、基于探究的学习,当幼儿开始尝试解决现实问题时,需要结合很多领域的知识来解决问题。在这个过程中,虽然孩子的知识经验有限,但可以通过动手操作的方式去尝试,从而能够真正地在做中学,而教师的角色就是支持者、观察者、引导者,这样的学习方式一定是遵从孩子的兴趣、能激发孩子的探究欲望的。当孩子遇到问题时,他们可以学会用搜索信息的方式找到问题的可能答案,可以求助老师给予相应的支持,这样获得的知识和经验是有指向性、有目的性的,也是最容易让孩子印象深刻的。虽然这样的教育方式对老师的要求很高,但是当老师们看到孩子的进步后,会发现自己也在不断学习和成长。因此,整合式的教育对师生都是有益的。

现如今,我们的教育经常被要求要面向未来,为孩子适应未来的发展做好准备,而现在的社会对于一个人的综合能力要求已经越来越高了,整合性教育方式的时代意义也必将凸显。因此,建议教师尝试用 STEAM、项目式学习等方式来帮助幼儿学习。

对于教师来说,掌握以上几点并深入理解幼儿书面语和数概念发展需要关注的经验是有较大难度的,这需要教师沉下心来,以幼儿发展为中心,仔细研究与实践上述建议。

给家长的建议

1. 如何做一个不焦虑的家长？

现代社会，要想做一个不焦虑的家长实在是太难了。这种压力来自几个方面：同龄孩子的学习氛围带来的压力，可以想象，听到别的孩子报了各种类型的培训班，一周7天无休，随口就能背出100以内的加减法，至少认识了3 000汉字，而且周边这样的牛娃遍布，家长怎能不抓狂、不焦虑呢？

然而，单纯的焦虑毫无益处，如今大家盛传的"妈妈吼"其实也反映了现代社会传递给家长们的焦虑。在对待孩子教育问题的时候，妈妈们已经无法控制自己的情绪了，只能通过"吼娃"的方式试图达到更好的教育效果。除此之外，遍布各地的培训班、兴趣班，也反映了家长们望子成龙、望女成凤的心态，并且这种心态已经趋于功利性，比如有家长听说孩子会打桥牌就能进入名校，不管孩子喜不喜欢，就赶紧给孩子报兴趣班。在这样的高压下，孩子已经逐渐失去了这个年龄该有的童真，面对名校的面试，可以看起来稳重大方，一丝不苟地回答问题；还有些孩子对学习产生了惧怕、厌恶的情绪，甚至因此产生抽动症、尿频等心因性疾病，同时从幼儿园开始就进入应试教育的准备期。这反而令人担忧教育不是在进步而是在倒退。请家长们想一想，这是您希望看到的吗？这是您教育孩子的最终目的吗？相信没有一个家长愿意看到这样的结果，那么家长们就要理性地看待知识准备的方式方法和有效性的问题。

家长需要厘清孩子学前准备期的学习目的是什么？是超前学习知识还是在孩子认知发展允许的前提下恰当地让孩子获得当下他们能够理解和吸收的知识？是让孩子对学习产生兴趣，还是厌恶学习？是进行大量的知识灌输，还是培养孩子的学习能力？把这几个关键性的问题想清楚了，才有可能摆脱焦虑。

2. 家庭教育的作用不可忽视

有不少家长一直认为孩子进了幼儿园，进了学校，就是老师的责任了，孩子学得好不好都和家长无关，如果孩子都学习很好，还要老师干什么呢？这样的想法是完全不可取的。

20世纪90年代末，美国教育部开展了一项关于儿童早期教育的长期跟踪研究，调查了1 000所学校里2万多名儿童的学业发展，并将其与几个大众认为重要的影响因素进行了分析，揭示哪些因素对儿童的学习发展有显著影响。研究的结果令人震惊。在8个相关因素里，只有4个因素与儿童的学业发展高度相关，另外4个因素与学业发展的相关程度非常低，甚至可以说毫无影响。4个高度相关的影响因素分别是：拥有高学历的父母；孩子的妈妈在30岁或更晚的时候生第一个孩子；父母拥有较高的社会经济地位；家中藏书多。4个无关的因素分别是：拥有完整的家庭；孩子的母亲在孩子出生后到上幼儿园之前不工作；父母把家搬到更好的小区；父母每天给孩子读书。当然，拥有4个高度相关的因素并不一定能成就一个成功的孩子，不具备这4个因素也不代表就不可能培养出成功的孩子，但是这起码能说明一定的问题。

从以上几点对学业发展影响较大的因素来看，虽然有些因素对于已为人父母的人来说无法做到，比如学历高低、生孩子早晚，却从侧面反映出什么样的家庭环境对孩子的学业发展有重要影响，这包括父母是否喜欢读书，当你自己是爱书之人，孩子又怎会不受影响？当父母自身通过不懈努力在社会上拥有一席之地，也势必会潜移默化地影响孩子的成才之路。想必拥有高学历、高经济地位、家中藏书较多的家庭，一定是自律、奋斗的家庭，父母也会将好的意志品质传递给下一代，而这也正是一个人成长与发展的重要因素，转化到学习中就意味着孩子拥有好的学习品质。因此，作为家长也要不断学习，掌握孩子的成长特点与规律，有的放矢地做好家庭教育。

3. 如何通过家庭教育让孩子做好知识准备？

其实，大多数家长不是教育专业出身，对孩子的教育完全凭经验或者父辈传下的观念和方法，也有的家长与亲朋好友交流经验。有的家长干脆将希望寄托于幼儿园、培训机构。因此，家长也要学习，通过学习了解孩子及教育方法，从而为孩子制订适合的知识准备期学习计划，让孩子在轻松又适度紧张的氛围里有序合理地做好学前期准备，特提出以下几点建议。

（1）针对小学要求做好相适宜的准备

知己知彼方能百战不殆，虽说学习不是敌人，但是做任何事情之前，如果能够有针对性地了解需要达成的目标，就能有的放矢地做好准备。想让孩子做好充分的入学准备，首先要了解小学的要求是什么。

我们已经在本书第1讲比较过幼儿园与小学教育的不同，而且不同地区甚至同一地区的不同学校，由于教材不同，一年级学习的要求不同，老师的教学进度不同，对孩子的入学准备要求也会有差异。比如有些地区，入学后基本不教拼音或是用一周时间就教完所有的拼音，那么在学前阶段家长不妨让孩子提前学习；有些地区的小学，一入学就要求孩子一分钟可以做70道20以内加减法听算，那么就需要在学前期让孩子学会20以内加减法，并通过一定的练习，让孩子在听算的速度和准确性上有保证。如果在学前期不做任何准备，那么可能面临的问题就是，入学后孩子跟不上进度，产生自卑心理，对学习产生更大的抵触情绪。

此外，小学与幼儿园的学习与生活的要求不同，幼儿园里通常只有集体教学活动时才需要孩子安静地坐下来持续半个小时（大班）参与活动，但是这样的活动在幼儿园中一天恐怕不会超过3次，而在小学一天至少6节课，每节课都要求孩子坐端正、认真听讲，这中间的鸿沟如何弥补呢？家庭教育就显得尤为重要了。家长与孩子经常玩智力游戏，如数数、心算游戏，利用睡前时间给孩子读书、讲故事、讲文学作品等，让孩子在玩耍中熟悉拼音的认读，都能帮助孩子逐渐适应小学的学习要求。

除此之外，还需要了解入学时，孩子的口头表达能力、阅读能力、识字量、数运算水平、逻辑思维水平等达到什么程度，从而能够拉长准备期，让孩子避免在短期内通过高压手段去做入学前准备，更不要等到上了小学才发现原来小学的要求与幼儿园期间有如此大的鸿沟，于是开始突击，这对于刚刚进入小学的孩子来说，还未做好心理准备，就要面临如此大的学业压力，是非常不利于孩子健康成长的。

（2）养成良好的阅读习惯

陪孩子阅读是家长随时随地可以实践的教育内容。阅读是终身学习的基石，更是学前期幼儿进行学习准备的重要方式。如前所述，一个家庭中父母的阅读习惯会对孩子产生潜移默化的影响，因此也需要关注孩子阅读习惯的培养。

学前阶段，幼儿的阅读主要以图画书为主，幼儿对于内容的理解也会逐渐地从阅读图画发展到图文结合，当孩子认识拼音后，开始尝试阅读拼音书，积累了一定的识字量后开始学会通过阅读文字的方式来理解图书。

学前阶段的阅读习惯包括以下几个方面的要求：

①培养幼儿良好的翻阅习惯。例如，知道图画书的存放方式，能够在阅读前自主选择图画书，阅读时从封面开始阅读，一页一页地从左到右翻阅，阅读结束后把书合起来放回原处。

②在阅读的过程中，要逐渐学会如何阅读，这在阅读不同类型的图画书时也有所差异。在阅读故事类图画书时，了解这本书涉及的时间、地点、人物、事情的起因、发展、经过和结果，能够通过观察画面细节理解图画书内容，逐渐学会用预期、推理等方式去理解图画书内容；在阅读科学知识类图画书时，能够理解一本书的主题是什么，与主题相关的关键性特征是什么，并能够逐渐学会理解图画书中的符号、图示、逻辑关系等。当幼儿积累了一定的阅读量后，对于不同类型的图画书产生敏感性，逐渐掌握其阅读规律和理解方式之间的差别，从而为今后的语言学习积累经验。此外，幼儿阅读一定量的科学知识图画书对于学习语言类之外的其他学科也有着不可估量的作用。因为这类图画书的语言通常会使用较多的学术性语言，也包含了不少学科知识，但是由于这类图画书会用有趣生动的方式呈现，所以非常有利于幼儿的阅读理解。

（3）注重培养孩子的学习品质

孩子的学习品质也是影响其终身学习的关键因素。一个孩子的专注力、坚持性、对待困难与挫折的态度、对学习的热情都是衡量一个孩子学习品质高低的关键因素。

孩子的学习品质的培养可从多种方式入手。练习一种乐器、书法等对于孩子的坚持性、专注力都是不错的培养方式。在一个人发展的过程中，通常的学习都会是比较枯燥的，需要付出很大的毅力才能够坚持下来，因此，通过多次锻炼从而达到一定程度的训练可以提升孩子的学习品质。以弹钢琴为例，练习钢琴的过程可能比较枯燥乏味，会遇到很多困难，比如如何先练习右手再练习左手最后可以双手合起来弹琴，如何从简单的曲子到复杂的乐章演奏，都需要经过长期坚持不懈的努力，在此过程中孩子会体会到一定的成就感。当然，学习钢琴不是唯一的方式，孩子还可以通过尝试一些有趣但有一定难度的游戏或活动。例如有些孩子喜欢玩乐高，可以从大颗粒玩到用小颗粒进行搭建，从几十个颗粒到几百甚至上千的颗粒的搭建，需要孩子能够读懂说明图纸，了解方位和零件之间的关系，能够持续坐定几个小时，这正是专注力的萌生。

家长在平常的教育中，要注意挖掘孩子的学习品质，当他们对某件事非常感兴趣时，不要随意打断他们，让他们能够持续有效地完成每一件他们感兴趣的事，这就是在保护其学习品质的发展。当然，前提是他们感兴趣的事是有意义的，不应包括会让孩子上瘾却没有太多益处的活动。

此外，注重知识的积累，有意识地让孩子记忆一些知识和内容。充分利用幼儿良好的机械记忆能力及对韵律的敏感和喜爱，引导孩子记忆阅读的内容，如背诵一些符合孩子年龄特点的歌谣、诗歌等；利用孩子的好奇心和对语言文字的敏感性，指认一些常见文字、拼音、数字、符号等，慢慢熟悉这些知识，到了小学就不会感到特别陌生；利用孩子喜欢写写画画、爱动手操作的特点，开始练习握笔和创意书写，帮助孩子发展视动协调和控制能力，为书写做准备。

第 5 讲
学习品质和行为习惯: 行为准备

覃原

第 1 节　学习品质和行为习惯养成的内容 / 137
第 2 节　学习品质和行为养成的策略 / 141

> **导 读**
>
> 　　虽然我们讲了很多关于基础学习力的准备，但是还有很多儿童入学后不适应，不是因为他们不具备学习的能力，而是因为没有养成良好的学习品质和行为习惯。入学准备不仅要关注孩子学习能力上的准备，也要关注学习品质和行为习惯的准备。良好行为习惯的养成是儿童顺利入学的保证。幼儿园到小学低年级这个阶段，是儿童学习品质和良好行为习惯形成的关键期，教师和家长应予以重视，并积极采取各种方法促进儿童良好学习品质与行为习惯的早期养成。
>
> 　　行为养成的原理和儿童良好行为培养的策略有哪些，教师和家长如何营造有利于良好行为养成的环境、如何开展正确的行为教育和指导，是本讲要探讨的问题。

"零起点"小孩

为什么孩子适应困难？

开学一个多月了，一年级三班班主任李老师在和班上家长的沟通中了解到，本班许多孩子认为写作业是帮家长和老师完成任务，准备学习用品、检查作业等事情都应该由家长来做。他们班上的刘明明理直气壮地对妈妈说："你为什么不帮我准备好作业本，害得我今天上课的时候没有带作业本，老师都批评我了！"

丹丹刚上小学一年级，刚开始还觉得新鲜，可是最近一回到家就哭。丹丹的妈妈说："我女儿平时玩性大，写作业不太快，也没用心，每天的作业她两个多小时才完成一半。"上小学前丹丹一回家就玩，现在一回家妈妈就要求她写作业，并把作业本、课本、铅笔和橡皮都给她准备好，拉着她到书桌前陪她写。尽管这样，丹丹还是磨磨蹭蹭地，心思完全不在作业和课本上，丹丹妈火了，把她关在屋子里让她好好反省，丹丹在屋子里哭得很伤心，大声冲屋外的妈妈说："我不要上小学了！"

阳阳入学没几天，就被老师和其他学生的家长不断"告状"：上课时离开座位抢同学的铅笔；举手发言时老师要是没有叫他，他就大声喊出答案；课间抢同学的书，一不顺心就推同学，排队时一名同学被他推倒后磕破了腿，家长找到学校。老师批评他，他还振振有词地说，"他挡住我了，我要当第一，我是最棒的！"

刘明明初入小学，还没有认识到学习是自己的任务，没有学会自己准备学习用品；丹丹的学习主动性没有形成，专注力不够，放学回到家只有"玩"的习惯，没有"学习"的习惯，家长对她进行处罚后，她产生"不要上小学"的消极想法；阳阳在学校很难遵守学校纪律，出现较为严重的行为问题，难以适应集体生活。这些案例说明，如果儿童没有养成良好的学习品质和行为习惯，上小学后就会经常受到老师的批评和同学们的拒绝，产生学校适应困难的问题。幼儿园阶段，幼儿的一日活动主要以游戏为主，但是进入小学阶段以后，课堂学习成为儿童的主要活动，学校生活以集体活动为主。这就要求儿童有良好学习品质和行为习惯，遵守学校规则。因此，在幼儿园到小学低年级这一段时期，需要教师及家长帮助儿童养成良好的学习品质和行为习惯，以适应小学生活。

孔子说："少成若天性，习惯成自然。"这句话指的是人小的时候养成的习惯会像人的天性一样自然坚固，甚至变成一个人的天性，可见从小养成良好的行为习惯对一个人的长远发展很重要。对儿童来说，良好行为习惯的养成不是一蹴而就的，需要儿童在日常生活和学习中的点滴积累，更需要幼儿园老师、小学老师与家长在儿童行为培养过程中的长期配合与坚持。

---- 理论导航 ----

学习品质和行为习惯养成的理论解析

1. 关键期理论

关键期（Critical Period，CP）是指人的某种潜在能力存在于一生某一特定时期中，由于环境恰好提供了某种特定的刺激，使之得到最好的发展。个体发育过程中的某些行为在适当环境刺激下才会出现，在关键期内，人的某种行为或技能等发展最快。如果在处于关键期内的年龄对儿童施予相应的教育，可以事半功倍，在此期间，个体只要受到合适环境的影响，就会很容易地、迅速地形成与发展相应的行为模式，而一旦错过了这个年龄段，再进行教育，效果就明显差多了。因此，教育者需要把握个体发展的关键期，选择最佳时机对学生施以相应的教育，让孩子更好、更有效地掌握所需的知识技能和品质行为。

关键期理论是儿童行为习惯养成的理论指引和教育依据。良好行为习惯养成的关键期是幼儿和小学教育阶段，尤其是小学二年级之前，这一阶段是建立规则感、培养良好的学习品质与行为习惯的关键时期。孩子年龄小的时候具有很强的可塑性，容易培养良好习惯。因此，教师和家长必须要充分利用关键期的良好时机，采取积极的教育措施，在幼小衔接阶段帮助儿童从小养成良好的行为习惯，而不是等待其自然发展。只有把握儿童的发展特质，才能不断完善儿童行为习惯养成教育，并且在把握儿童各方面生理发展关键期的同时，不断调整对儿童行为习惯培养的教学方法。

2. 行为主义理论

行为主义理论关注外在条件对个人行为的重要影响，认为行为的产生是学习者对环境中提供的刺激做出相应反应的结果。因此，环境刺激和行为反应之间有一定的、必然的联系，人的行为也是通过多次刺激而获得的习得性结果。由于行为的发生是习得的,所以"强化"也是行为主义理论的核心所在。行为只有经过反复地强化,个体才能保持长久的行动力,从而养成良好的行为习惯。

行为主义理论为儿童良好行为的养成提供方法的指引。应用在幼小衔接行为养成方面,需要教师和家长掌握塑造和矫正儿童行为的方法,为儿童创设一种环境,尽可能在最大程度上强化儿童的适当行为,消除不合适行为。行为主义认为,环境对儿童行为习惯的养成是至关重要的,每一种习惯都是在反反复复地递进过程中形成的,强化在其中起到积极作用。因此,教师和家长要关注环境对小学生行为习惯形成的重要影响,不断强化学生良好的行为表现,以期养成儿童良好的行为习惯。

3. 埃里克森人格发展阶段理论

美国著名人格心理学家埃里克森(E. H. Ernikson)提出了人格发展八阶段理论。他将人生全程分为八个阶段,认为每个阶段都有一对关键的矛盾要解决,解决得好,人格就向着完善的方向发展,解决得不好就会导致人格发展不健全。在小学阶段(6~12岁),最关键的矛盾就是"勤奋对自卑"。也就是说,到了小学阶段,开始有了固定的学习任务,需要养成良好的学习习惯去完成,这时候的任务,类似于成人社会的社会责任,是必须要承担的,否则就会带来自卑自弃的严重后果。在幼儿园阶段,教育的目标以养育为主,父母和老师为幼儿承担了大量的责任,到了小学,要教育小学生树立责任意识,养成对自己的学习负责的良好习惯。这一转变往往被家长们忽视,而在教师看来是顺理成章的事情。

第1节
学习品质和行为习惯养成的内容

一、良好学习习惯的重要性

幼小衔接阶段是从幼儿园到小学低年级这段时期，是良好行为习惯养成的关键时期，一旦错过了这一关键期，就可能无法弥补，甚至影响儿童一生的发展。因此，对这个阶段的儿童来说，良好习惯的养成，尤其是良好学习习惯的养成是尤为重要的。

学习习惯养成对儿童顺利适应小学生活有重要作用。正如前文所述，幼儿园与小学的教育有很多不同之处：幼儿园阶段以游戏活动为主，而小学则是以知识学习为主的教育阶段，幼儿园以养成教育为主，小学以立德树人为教育目标，品德培养、系统的知识学习与能力发展要求学生必须具备良好的学习品质与行为习惯以适应小学生活，从而减少不适应带来的不安、焦虑感，保持主动、积极的心态。

学习习惯养成对提高儿童学习能力有重要作用。有着良好学习习惯的人，可以在知识的积累上比他人更胜一筹。入学前学习习惯养成能使儿童在入学后明确学习计划，学会课前准备、课后复习和专心完成作业，能积极开动脑筋思考问题并阐述自己的想法……为学习能力的提高奠定基础。

学习习惯养成对提高儿童社会适应性有重要作用。在培养儿童学习习惯的同时，也在培养他们的独立意识、责任意识、规则意识、人际交往及完成任务的能力。这些意识和能力的发展与提高，有助于儿童适应小学新的环境、新的要求、新的老师和同学，促进个体的社会化发展，提高其自身的社会适应性。

二、入学准备的学习品质与行为习惯养成

（一）学习品质

良好的学习品质是学业成功的重要保证。学习品质的发展是螺旋式的，在不同的阶段，学习品质发展的深刻性也不同。在幼儿园和小学阶段，基础性的学习品质包括**好奇心**、**专注力**、**责任心**、**主动性**、**条理性**等。**好奇心**是指儿童遇到新奇事物时产生的注意、操作、提问的心理倾向，是人与生俱来的观察和探索新奇事物的内在动力，对儿童创造力、求知欲和稳定兴趣的激发有着重要作用，是重要的学习品质之一。好奇心促使幼儿全身心探索和学习新知识。良好的**专注力**是高度集中的注意力、自制力和坚持力的结合，是信息加工活动的必要能力，专注力能够维持对所选择的信息的注意，从而进行有效地加工。专注力还包括了控制自己不去从事某项活动的品质。**责任心**简单地讲就是自觉做好分内的事情。小学阶段培养儿童的责任心，不但能够帮助儿童顺利完成学业，也为其将来承担更大的社会责任、家庭责任的奠定基础。小学生学习的主要责任是上课专心听讲，课后认真完成作业，刻苦学习等。而在幼儿园阶段培养起的自己的事情自己做、做好值日生等都是帮助儿童形成责任心。**主动性**是个体在没有外力的推动下，根据一定的目的在积极意识支配下积极行动的心理倾向，表现出热爱、热情、积极进取、敢于尝试、自主主动等积极品质。积极主动的儿童会在学习活动中表现出高度的自觉性和自律，热爱学习，积极参加学校的各项集体活动，乐于助人，人际关系良好。**条理性**是一种良好的生活习惯和学习品质，有助于培养儿童良好的顺序思维品质。在学习中，要求儿童能够把自己的学习用具收拾整齐，做事情有条有理，就不会丢三落四，凌乱不堪。这些学习品质的准备要从幼儿园阶段就开始培养。

（二）行为习惯

行为习惯是一个人社会适应性发展的重要标志。《小学生日常行为规范》规定了小学生的行为规范：自尊自爱，注重仪表；诚实守信，礼貌待人；遵规守纪，勤奋学习；勤劳俭朴，孝敬父母；严于律己，遵守公德等。这五部分内容中，除了体现学习行为习惯的要求外，还体现了对生活、纪律、文明交往行为提出的要求。

1. 生活行为习惯

生活行为习惯体现在生活的独立性和卫生习惯方面。具体体现在学会料理个人生活，将自己的衣物用品收放整齐；生活有规律，按时作息，珍惜时间，合理安排课余生活，坚持锻炼身体；讲究卫生，养成良好的卫生习惯，不随地吐痰，不乱扔废弃物。具备一定的生活自理能力，规律的生活作息和良好的生活习惯是优质学习的基础，也是学生自律和严格要求自己的表现。

2. 纪律行为习惯

纪律包括课堂秩序、班规、学生守则等，良好的纪律行为是优质学习的条件，也是学生形成集体观念和集体荣誉感必备的行为习惯。一旦儿童具备班级荣誉感，能够端正自我，自觉遵守并积极维护班级秩序，就能形成一个良好的学习氛围和学习环境，在集体中获得肯定和荣誉，这是学习的强大动力。如果儿童在课堂上存在诸多无序行为，如上课发言不举手、随便乱讲话、搞小动作、下地乱走动等，就会严重影响个人学习，也会影响全班课堂学习任务的完成，将来也很难形成自觉自律的人格。

3. 交往行为习惯

幼儿园及小学阶段是人际关系形成的最初阶段，也是重要的基础阶段。儿童良好的交往行为如果在该阶段没有形成并得到很好的发展，将直接影响其性格、情感、心理及其他行为的发展，对个体的学习和生活也有着重大影响。

良好的交往行为促进个体的学校生活适应。当环境与情境发生变化时，有机体通过调整自身的机体状态和心理状况，以求与外部环境相协调，从而增加其生存的机会,这个过程就是适应(贾娇,2017)。在学校中,儿童只有通过与其他个体发生联系,发展良好的交往行为,才能适应集体生活;只有与老师建立良好和谐的关系,与同学友好融洽相处,才能获得更加积极和正向的力量,从而提高学校生活质量。

在学校里,儿童的交往行为体现在与同伴、教师的沟通与礼貌待人方面。亲密的同伴关系会促进个体间的同伴交往,扩大发展空间。与同伴和教师的有效沟通有利于儿童获得更多学习上的支持,也有利于儿童以更积极的状态、愉快的情绪投入学习中。礼貌待人是儿童良好品质在行为方面的要求,也是实现良好沟通的条件。与他人发生矛盾时,如果以不礼貌的方式处理,势必会阻碍沟通,影响情绪,甚至破坏同学友谊,进而影响学习。

为使儿童更好地适应学校生活,教师和家长应指导儿童形成良好的交往行为习惯。教师应以良好的班集体氛围为基础,采用各种方式方法,指导学生在学习上互相关心、互相帮助,好朋友讲究合作和信任,同学之间以诚相待、主持正义等;同时应注意关心那些同伴关系不良的学生,注意避免无意识的行为或态度对这些学生造成的消极影响。家长在待人接物上应起到模范作用,在生活中引导儿童如何与同伴相处,使之能尽快融入学校集体生活。

第 2 节

学习品质和行为养成的策略

良好的学习品质与行为习惯的养成不在一朝一夕,也不能采用直接灌输或强硬的手段来进行。在儿童良好行为习惯的培养中,需要采用一些指导策略,如行为强化策略、榜样示范策略、情境引导策略、自我监控策略、环境营造策略,等等。对儿童良好学习行为养成的教育和指导,建议教育者采用以下四种策略。

一、行为强化策略

根据行为主义的观点,大多数行为是由于强化的作用而持续发生的。强化是建立和保持行为的基本机制,任何能增加和保持行为频率的东西均可作为强化物。幼儿园到小学低年级段的儿童喜欢表扬,一旦他们良好行为得到认可和赞扬,会产生积极的导向作用,使他们不断重复这种行为,因此,教育者可以利用正强化帮助学生形成良好的学习行为习惯。

正强化具体的实施方法为表扬、积极评价和奖励。举例来说,当儿童能积极举手发言,或认真完成作业时,教师进行口头表扬或给予一定的奖励,那么儿童这种良好的学习行为则得以强化。此外,行为强化策略不仅用于增强儿童的学习行为,还能激发儿童的学习动机和学习兴趣,提高其自我效能感。由于处于该阶段的儿童年龄小,他们的学习动机主要来自外部,给予外部的奖励以提高他们的学习兴趣和自我效能感,伴随而来的便是他们学习态度的改变,也有了对学习的深度兴趣和对学习的坚持。对于儿童与人为善、礼貌待人的交往行为，教师除了采用表扬的形式予以强化，还可以通过动作、手势、微笑等非言语方式对学生的行为进行及时反馈。比如，看到儿童到校时跟大家有礼貌地打招呼，教师可以向他点头微笑，向他竖起大拇指，抚摸他的头或轻轻拍一拍他的肩膀，进行社会性奖赏，让他明白教师对他友好交往行为的肯定和赞赏。

二、榜样示范策略

幼小衔接时期，儿童的思维以具体形象思维为主，儿童善于模仿习得的行为，易受暗示和感染，所以对他们进行养成教育时，应充分利用直观、形象的榜样力量，以"榜样"的良好学习与行为习惯来影响儿童，使儿童能够在日常生活中通过观察榜样的形象、直观的示范行为，明白良好行为的具体要求。比如设立奖项，为课堂积极动脑筋和发言的儿童或一直认真完成作业的儿童颁奖，树立班级学习榜样，让其他儿童向榜样看齐，促进他们良好学习行为习惯的养成。另外，当儿童出现不良的学习行为，比如上课不专心时，教师可以表扬上课专心的同学，树立出好的榜样，让有不良学习行为的儿童在特定的情景中观察、模仿和学习榜样的行为，从而起到弱化和纠正其不良行为的作用。

"榜样"并非只是固定的一个人，可以是身边的同学、老师或亲友，也可以是一本书、某类素材或身边随时发生的某些事。对于低年级的儿童来说，接触最多的是同伴、父母和老师，这些人对他们行为的影响是最大的。

三、情境引导策略

幼小衔接这一时期的儿童年龄比较小，对于直接和空洞的说教并不能深刻地理解，因此对儿童学习行为习惯的培养可以结合某一学习情境，进行有目的的引导。针对某一学习行为情境的引导，步骤要明确、具体。

对于成年人来说，一般提出要求后，他们就会根据自己的理解完成任务，不需指导过细，而对于年龄较小的儿童而言，必须告诉他们应该怎么做，每件小事都要讲透要求和这样做的原因。举例来说，记录作业这件事需要设置情境进行引导，与儿童一起进行实际操作，并相互检查是否记录完整。对于更小的幼儿园的孩子来说，可以设置一个任务记录的情境，引导孩子如何按步骤记录并记录完整。仅仅一次情境引导并不能使儿童形成良好的学习习惯，这种策略需要多次使用，还可以和行为强化策略一起使用。

四、自我监控策略

儿童是自己行为的小主人，要学会对自己的学习行为进行自我管理和监控。对儿童的习惯养成教育最终应达到"教是为了不教，管是为了不管"，因此老师和家长要引导儿童学会自我管理。在幼儿园开展的"小小值日生"和小学中的"值日班长"活动对儿童良好行为养成能起到积极的促进作用。值日生和值日班长不是固定由一两个孩子来做，而是全班轮流来做。当天作为班长或值日生的孩子首先要管理好自己，成为"榜样"，然后才能去管理他人。以早读活动为例，值日生或值日班长首先得自觉完成好自己的早读，然后才去提醒和监督早读不认真的儿童。这样，每个孩子为了能完成"小小值日生"或"值日班长"的任务，就会自觉地对自己的学习行为进行管理和监控，从而养成良好的学习行为习惯。

给教师的建议

儿童良好的学习品质和行为习惯是在日常教育和生活中养成的，需要老师和家长的长期引导和培养。

1. 日常学习品质养成

培养儿童**好奇乐思**的学习品质能够激发其求知动机与探索精神。教师应在日常活动中尽可能多地给儿童提供探索性的教育活动，激发好奇心和学习热情。教师不仅要保护幼儿的好奇心，允许幼儿犯错误，即使问题回答错误也要积极鼓励幼儿的探索精神，而且要在教育活动中培养幼儿的好奇心。入学前的一段时间，教师可以创设一些小学的学习环境，甚至安排幼儿到小学参观的教育活动，激发孩子的好奇心和对小学生活的向往。

专注力是小学学习的重要品质，要求幼儿能够集中注意力、专心做事，并能控制自己不被其他事情吸引。在幼儿园教育活动中，有很多培养幼儿专注力的机会。例如，要求幼儿坚持每天按时上幼儿园，并且每天在台历上做记录，让幼儿形成按时上学的习惯；其次，安排阅读、手工等活动时，除了考虑内容丰富多彩，还要有独立完成的活动，建议老师使用沙漏计时，培养孩子的坚持性；适当地开展一些注意力训练的游戏活动，例如，读小蜗牛的故事时，让幼儿在老师读到一个小蜗牛时就伸出一个小指头等。到了小学，小学老师可以充分利用课堂教学的各种学习任务培养儿童的专注力。比如，语文课上的阅读、听写任务，数学课上的计算等任务，布置挑战儿童专注力的作业，逐步延长任务时间，当然也可以安排适当的游戏，如训练听觉注意的"挑词"游戏等。

责任心的培养与幼儿园一日活动紧密相关。首先，教师要教会幼儿对自己负责，比如每天来幼儿园自己背书包，不要让家长代劳；自己整理物品，做手工或者其他活动时，用完物品要放回原处，整理整齐等。其次，安排一些让幼儿负责任的任务，如值日，给植物浇水，喂小动物，帮助老师分发材料，发水杯等力所能及的事情。此外，责任心还体现在犯了错误勇于承担责任。如果幼儿有意破坏公物，比如折花、摔东西，要让幼儿学会承担后果。培养幼儿准时守时也是培养责任心的体现。

2. 日常行为习惯养成

良好的行为习惯，如掌握正确的书写姿势、阅读习惯、与同伴的分享或合作、讲文明讲礼貌讲卫生等，是从幼儿期开始规范，小学期依然需要强调的。入小学之前，教师可以针对儿童在学习方面的行为习惯进行专门指导和训练。比如我们在第1讲里讲到的案例，学校对入学儿童进行系统的行为习惯的教育，再比如为孩子适当地安排一些阅读和书写活动，引导孩子掌握正确的握笔姿势，初步养成每天阅读的好习惯。与幼儿园强调以游戏活动为主不同的是，小学生以课堂学习为主，为更好地强化儿童的学习习惯与行为，在幼小衔接期，教师要对儿童进行有关小学学习的适应性训练。例如，引导儿童在集体活动时间里保持注意的稳定和持久；模拟课堂教学，鼓励儿童专心听讲、积极举手发言、自觉遵守课堂秩序；布置简单的作业，让儿童回家完成等。

幼儿园教师还应了解小学生日常行为规范，学习小学课堂、学校纪律和文明礼貌等方面的要求，做到心中有数，在学习行为习惯、纪律行为习惯、文明交往行为习惯等方面引导将要进入小学学习的孩子。小学教师，尤其是一年级的教师应和幼儿园老师做好沟通、交流或对接，及早关注儿童入学时的行为，若发现该儿童在入学前已形成不良行为习惯，尽快采取相应的策略予以纠正。当然，幼儿园领导和小学领导也应重视幼小衔接期儿童的行为习惯养成，针对如何培养良好行为习惯，组织幼小衔接教育座谈会，给幼儿园和小学老师们提供交流的机会，共同商讨教育策略。

儿童习惯养成教育应渗透在学习和日常生活的各个方面，幼儿园可以在五大领域活动中培养儿童的行为习惯，小学可以在道德与法制课或其他活动中专门训练。对儿童行为习惯的培养与训练主要把握以下几个方面。

（1）对行为的培养不应一味强制，要让儿童充分认识到养成良好行为习惯的重要性。老师可以利用与行为习惯养成有关的故事书或绘本，给儿童讲述或进行分享阅读，或进行相关情景展示，和孩子们一起分析。使用比较直观且易于理解的形式，让儿童切身感受到良好行为习惯养成的重要性。

（2）为儿童树立榜样。"榜样"可以是儿童周围的人（如同伴、师长、亲友），也可以是故事中的一个角色。采用各种形式，讨论这些"榜样"有哪些优良的行为习惯是值得儿童学习的，以及如何学习并养成良好的习惯。

（3）与儿童一起讨论并制定行为规则，如班规、游戏规则、学习行为规则等。制定规则时要明确各个步骤，步骤要详细、具体，有利于儿童一步一步地去操作和完成。良好的行为规则要靠大家一起去维护，同学、老师都要遵守，大家互相监督。

（4）正向培养儿童良好行为习惯，以鼓励为主，并及时予以评价。运用多种激励方式，如表示肯定的肢体语言（鼓掌、点头、竖大拇指、拍肩膀等）、口头表扬或颁发奖品等引导、强化儿童良好的行为。

（5）无论是幼儿园还是小学，教师要建立温馨和谐、文明向上的班集体，创设积极良好的集体氛围。整个班集体的环境会对个人产生潜移默化的影响，良好的班级环境对个体良好行为习惯的养成有积极意义。

（6）对有不良行为的儿童，教师要有耐心和帮助他们改进的决心，采用相应的策略对其进行行为训练。良好行为的训练是长期坚持、反复进行的。在儿童的行为训练过程中，教师还要通过不断地分析、评估，对儿童的每一次进步给予表扬和鼓励。

给家长的建议

家庭是孩子的第一所学校,父母是孩子的第一任老师。家庭对学生的影响往往是巨大的,家长的言传身教对孩子良好行为的养成有着相当重要的意义。下面是一份"儿童学习品质与行为习惯养成"清单,供家长参考。

儿童学习品质与行为习惯养成清单

学习习惯

- ☐ 家长跟孩子一起制定每日计划表,养成按照计划完成任务的习惯
- ☐ 上学放学自己背书包
- ☐ 按时完成作业
- ☐ 开始学习阅读拼音小故事
- ☐ 养成正确的读书写字习惯

生活习惯

- ☐ 每晚准备好第二天的学习用品
- ☐ 早睡早起
- ☐ 按时吃饭、爱惜粮食
- ☐ 爱护书本、爱惜学习用品
- ☐ 自己穿衣服、系鞋带,力所能及的事情自己做

交友习惯

- ☐ 同学之间友好相处,不打架、不骂人
- ☐ 乐于帮助同学
- ☐ 不与陌生人交往

⇨ 健康习惯

- ☐ 早晚刷牙
- ☐ 饭前便后要洗手
- ☐ 不买小摊食品、不吃垃圾食品
- ☐ 按时做两操

⇨ 行为习惯

- ☐ 见到老师和客人主动问好
- ☐ 不乱扔果皮纸屑
- ☐ 公共场合不大声喧哗
- ☐ 走斑马线，不闯红灯，遵守交通规则
- ☐ 对他人的帮助要心存感激

对孩子学习品质和行为习惯的培养，家长们要达成以下共识。

1. 坚持家庭与班级教育理念的一致

在行为习惯养成教育方面，家长应该积极与老师沟通，了解学校或班级对孩子行为的要求，与班级教师共同商讨有关孩子行为习惯养成教育的内容和方法，达成共识。只有坚持与班级一致的教育理念，才能更好地支持教师对学生采取的一系列的行为习惯培养措施。

2. 坚持正面教育

与学校和社会教育相比，家庭教育是通过耳濡目染、潜移默化的方式进行的，最具直观性，最富情感性，孩子可以从家庭成员的言行举止、相互关系以及工作心态、社会交往中受到很大影响（张玉平，2013）。因此，作为家长应该坚持正面教育，以自身正面的形象引导孩子，以身作则。

3. 坚持家庭成员之间教育思想、态度的一致

在关于孩子教、养的问题上，很多家庭都会出现家庭成员的教育思想、态度及教育方法不一致的现象。尤其是三、四代同堂的家庭，爷爷奶奶这一辈和

爸爸妈妈这一辈会有两种完全不同的教育思想，甚至孩子与父母之间的教育理念也可能不一致，这直接导致孩子的各种行为表现是矛盾的。这个时候，家庭成员之间应该彼此尊重，尊重各自的想法，并积极沟通，努力找到一个对孩子好的、彼此都能接受的教育思想或教育办法。只有思想、态度一致，教育方法才会有效，才能更好地促进孩子在家庭中养成良好的行为习惯。

在家庭环境中，可采用以下方式培养孩子良好行为习惯。

（1）共同制定家庭规则

没有规矩，不成方圆。规则能给孩子行为养成提供向导和指引，因此，家长要根据孩子的年龄特点，在孩子力所能及的范围内，与孩子共同制定规则以约束孩子的行为。家规要具体，要被家庭成员认可。有了具体可行的家规，一方面，孩子知道什么时候应该做什么，怎么做；另一方面，家长有了教育和评价孩子的依据。

（2）适当使用"冷处理"

"冷处理"不是不处理，而是大家冷静下来再处理。发现孩子出现不良行为时，有些家长往往会大发雷霆，以简单粗暴的方式对待孩子，这样可能会对孩子的身心健康造成伤害，未必会对孩子不良行为的改变有效果。不妨自己先冷静下来，也让孩子冷静下来，反思自己的行为，间隔一段时间后再做处理。需要强调的是适当的冷处理是有时间限制的，不能等到孩子忘记了事件或行为的时候才予以处理，要在平复自己情绪并发现孩子情绪稳定后马上给予正确的教育或批评。

（3）针对具体的事进行"奖"与"惩"

"奖"与"惩"不能脱离事件本身或随意夸大行为。比如，孩子当天的作业记录没有记全，不能以"做什么事情都做不好"来批评他。另外，要让孩子明白"奖"与"惩"的具体原因和后果，使孩子明确知道哪些行为是要保持的，而哪些行为是必须纠正的。

（4）激发兴趣，培养良好行为

如果孩子对一件事情感兴趣，就会产生主动参与这件事情的行为。当发现孩子对动植物感兴趣，就可以购买一些与动植物有关的书籍，来培养他的阅读行为；或周末的时候带他到户外观察植物和小动物，减少孩子在家看电视的时间，纠正孩子长时间看电视的不良习惯。

（5）创设有利于孩子良好行为养成的环境

孩子良好行为养成需要有一个好的家庭环境，家长要有意识地营造温馨、安定、和谐的家庭生活环境。首先，家长一定要不断提高自身的文化修养，坚持正确的道德行为准则，培养阅读习惯，改掉不良的生活习惯；其次，家庭成员之间要处理好彼此的关系，形成宽松、民主、团结的家庭气氛和和睦的亲子关系，建立井井有条的生活秩序；此外，硬件方面，室内环境干净整洁，物品的摆放令人舒适，开设家庭读书室或读书角，营造一个温暖舒适、充满书香的物质环境。

第 6 讲

我准备好啦：
儿童入学准备评估

李文玲　张笛

第 1 节　入学准备评估内容 / 155
第 2 节　入学准备评估原理 / 161
第 3 节　入学准备评估方法 / 171

导 读

  儿童入学准备教育的核心是帮助幼儿如何有效地从思维方式、学习习惯、技能等方面适应小学生活，顺利实现幼小衔接。其目的是培养幼儿良好的行为和学习习惯，培养阅读兴趣和对新事物和周边环境的好奇心、探究欲，为小学学习做好能力、知识和技能方面的准备。

  如何了解孩子是否已经为入学做好了准备呢？本讲介绍入学准备期儿童的生理和心理发展的特点以及评估内容、方式等，为教师和家长了解儿童入学准备状况提供指导。

"零起点"小孩

你的孩子准备好了吗？

我们班的孩子快要上小学了，我高兴的同时也依依不舍。随之而来的是对一些孩子的担心：妞妞在幼儿园一直很乖巧听话，老师也喜欢妞妞，经常表扬她，于是，妞妞也就特别喜欢黏着老师，总是跟前跟后。排队外出要拉着老师的手，吃饭要老师坐在她旁边……到了小学，一个班至少四五十名学生，不同的学科有不同的任课教师，如果妞妞一直这样黏着老师，该怎么办？

浩辰是个聪明伶俐、活泼好动的小男孩，每次老师讲故事或玩游戏需要回答问题时，不论他会不会，都会第一个举手，如果老师没有叫到他，他还会站起来，甚至跑到老师的跟前，说出自己的答案和想法。老师看他积极的样子，不忍心打击他的积极性。所以，浩辰一直都是这样，抢着说话，家长还总是表扬他聪明。

聪聪在我们班是个特别稳、特别慢的孩子，做事情总是不急不躁。无论读故事，玩游戏还是做手工，她都是跟在别的孩子后面，小朋友都嫌她笨，不愿意跟她一起。当我提问时，她从不举手，我鼓励她，让她说说故事的名字，她经常磕磕巴巴说不全。户外运动玩蚂蚁爬的时候，她也总是最慢的那个。她喜欢重复别人的答案或者活动，很少有自己的想法。做事情这么慢的孩子，到了小学，面临快节奏的学习，可怎么办呢……

思考：这位幼儿园老师的担心也是很多家长的担心。老师和家长都想知道，如何了解自己的孩子是否做好了上学的准备，他们在幼儿园阶段发展起来的知识、能力、身体发育状况等是否可以帮助他们顺利进入小学阶段的学习？如何帮助老师和家长了解这些信息呢？

第 1 节
入学准备评估内容

一、幼儿的学前准备

很多时候，教师和家长要到幼儿临近入学才开始考虑幼儿是否已经为入学做好了准备。然而，幼儿为入学做好各方面的准备是幼儿在整个幼儿园期间要完成的过程，不是一蹴而就的。

在学前或幼小衔接阶段，需要了解幼儿的优势、弱势、能力发展和个性特征。例如，幼儿是否能够准确说出个人信息，包括姓名、年龄、性别，是否能够与他人有效交流，是否能在团队中与他人合作，是否在需要时会寻求帮助等，这些都是幼儿在入学准备阶段需要发展的重要技能。教师应尽早地认识到孩子的优势和可能的学习困难的早期迹象，并尽早地将这些信息与父母沟通，实施相应的干预，这些都是幼儿做好入学准备的必要步骤。

为了更全面地了解幼儿在进入小学前是否已经做好了入学准备，最好在学前或幼小衔接阶段为每个小朋友建立一本"幼儿学习护照"。这个护照类似于"幼儿学习档案"，在幼儿学习护照中，教师要记录幼儿在学前或幼小衔接一年中的进步，还要保存幼儿的学习及活动作品，以及与幼儿父母的沟通记录、给父母的建议和父母的反馈。

幼小衔接的目的是发展幼儿的基础学习力、培养幼儿良好的行为和学习习惯，为小学学习做好能力、心理、知识和技能方面的准备。为了达到幼小衔接的教育目标，必须制定适宜的学前教学课程设计，实施有效的教学管理措施，采用最佳的教学方法。教学课程要注重幼儿核心能力的培养、社会情感的健康发展以及相应的知识准备；在教学管理上，制订规范的教学计划和明确的时间安排，让幼儿尽快熟悉小学的学习节奏；在教学方法上，尽可能采用以游戏形式为基础的整合式教学，让幼儿有一个逐渐过渡和适应的过程，使其在思维方式、行为和学习习惯、核心能力和知识方面为入学做好全面的准备。

（一）幼儿核心能力培养

近年来，各国都在对目前的教育不断反思，提出学校教育应该是教孩子未来生活所需的技能，而不仅仅是为了提高考试成绩，因此提出基础教育核心课程。改革的重心是要提升下一代迎接未来挑战的能力。从教育发展的大趋势来看，培养孩子了解世界、认识世界以及解决问题的能力一定是各国教育的共识。**核心素养（Core Literacy）**是学生在接受相应学段的教育过程中逐步形成的适应个人终身发展和社会发展需要的必备品格和关键能力。进入21世纪以来，为了适应未来社会发展对人力的需求，国际经济合作与发展组织、欧盟、联合国教科文组织以及美国、英国、新加坡、澳大利亚、芬兰等国家或组织先后设计出"学生核心素养"框架内容体系。无论是人文教育还是科艺教育，他们的共同教育目标都是培养学生的核心素养。探索核心素养的内涵，它强调的是培养未来人才的能力以及为社会服务的意识，我们将它总结为5C，**即社会意识（Citizenship）、审辩思维（Critical Thinking）、创造力（Creativity）、沟通（Communication）、合作（Collaboration）**。在学前阶段通过整合型课程设计达到培养幼儿核心能力的目标（参见《心理学家的幼教课Ⅰ：幼儿园里的核心素养课》第1讲内容）。

（二）行为和学习习惯的培养

幼儿园时期是以游戏为主的教育方式，而小学教育是以正规课业学习为主的教育，需要儿童调整身心来适应这两种教育方式的不同，这种适应与调整就是幼小衔接的主要任务，幼小衔接不当则会带来孩子身体和心理方面的种种问题。身体上的不良反应表现为容易疲惫、食欲不振、精神状态差，心理上表现为压力大、自卑、厌学、孤僻，不敢跟人说话。在幼小衔接阶段，首先要注重幼儿对环境的适应能力、注意力、情绪控制能力以及社会和情感方面的健康发展，鼓励小朋友的小组活动，让幼儿学会沟通交流以及分享和表达；要安排规范的上课时间表，但课堂数量要少于小学，让幼儿逐渐适应小学的上课节奏，但又不要让儿童感到疲劳；在学业任务上既要考虑相应的学科学习，同时任务要求上也要轻于小学，我们的目标是培养儿童良好的行为和学习习惯。

（三）知识准备

儿童进入小学后，主要课程包括语文、数学、英语、美术、音乐、品德、体育、劳动教育。为了能让幼儿尽快适应小学的学习，也要做好知识方面的准备。

语文：小学一年级的语文课，一上来就要遇到40个生字，如果生字量超过75%，儿童就会感觉太困难，不愿意学习。儿童在学前需要掌握300个以上的词汇量，能够认识并且理解它们的意义；能够独立阅读适合他们阅读水平的读物，并具有良好的阅读习惯，了解一些拼音的基本知识，做好"前书写"准备，这样才能为入学的语文课做好准备。

英语：英语学习不是一日之功，它需要日积月累，尤其在幼儿园阶段要有一定的英语口语能力；了解英语字母知识，包括大小写；有一定的语音意识。

科艺：学好数学、科学及艺术课程，儿童需要具备科学的基本常识、与认知和思维有关的能力。例如，儿童在学前需要了解天气的变化，知道如何为恶劣天气做好准备；理解物体拉力、推动力、重量、平衡等概念；了解植物和动物（包括人类）生存需要的食物等生存条件。此外，还要了解数概念，以及数字简单运算和基本的计量单位。培养幼儿对视觉艺术、音乐、舞蹈、喜剧表演等的审美和艺术表现力。

为了让幼儿做好入学前的准备，在幼小衔接阶段要在课程设计上为幼儿做好知识、技能、行为习惯方面的准备，并配有相应评估体系以保证教学质量和检测儿童各个方面的进步。

二、学前儿童生理和心理发展的特点

要对学前儿童的能力发展做出评估,首先要了解儿童在这个阶段的生理和心理特点。结合前几讲的内容,我们从以下几个方面加以总结。

(一)幼儿行为和学习习惯

行为规范的评价包括两个方面的内容:一方面是学习行为规范的能力,另一方面是自我规范的能力。由于这两种能力关系极为密切,所以经常将二者放在一起。

学习行为规范的能力涉及注意力、参与和持久力、好奇心、学习主动性,是培养儿童学习习惯的重要因素。一方面,儿童的大脑发育与其注意力有关;另一方面,教学的引导也同样可以促进良好学习习惯的养成,例如,给儿童设计拼图游戏、寻找隐藏图形游戏,或者小朋友喜欢的搭建游戏等都对注意力的提高有直接帮助。

而自我行为规范能力涉及自我情绪调节力、对情绪和行为的自我控制力、模仿力、对空间和材料的分享度。由于在幼儿园有同伴的原因,老师往往无法像家长那样精心呵护每一个孩子,这也反过来给儿童创造了一个学习情绪管理的机会。

(二)社会和情感发展

社会和情感发展评估侧重对儿童在与他人理解和互动过程中儿童发展能力的评估,重视培养儿童与成年人及其同伴建立积极的关系。它包括情感理解——如与他人相关的自我认同、社交、对熟悉的成年人的情感理解、获得信任感;情感互动——如与他人的关系和互动、与同伴的关系和互动;同理心——如站在对方立场去思考,设身处地去感受、体谅和理解他人;社会交往——如让孩子了解社交并对社交产生期待,了解如何融入一个群体,了解人与环境之间的关系,社会交往涉及与他人关系中的自我认知、社交与情绪理解、与他人的社交互动等。幼儿园为儿童社会情感发展提供了极佳的场所和机会。儿童要学习如何与其他小朋友相处、如何分享玩具等，在幼儿园中也有很多需要小朋友合作完成的活动，如一起编写故事、一起做手工、一起表演戏剧等。

（三）语言能力发展

早期语言能力对孩子今后语言能力发展产生重要的影响。幼儿语言能力包括语言理解、语言表达、早期阅读、书写能力、英语学习等。①语言理解：儿童对语言的接受和理解能力，主要关注儿童的口语理解能力；②语言表达：儿童的交流从非言语交流向言语交流发展，使用的复杂词语和句子越来越多，语言口语表达的能力也就越来越强；③早期阅读：儿童对阅读的兴趣、识别字词以及理解书面语言的能力；④书写能力：在前书写阶段儿童采用乱涂、做记号、画图等形式表达某种含义，逐渐过渡到使用文字来表达意义；⑤英语学习：英语作为第二语言，幼儿园要提供适合儿童第二语言学习的教学项目，学前阶段儿童要有一定的英语口语能力，同时对字母知识、英语的语音意识有一定的了解。

（四）认知和思维能力

认知能力是最重要的基础学习力，它评估儿童观察、探索人和事物的能力及对数学和科学概念的学习。儿童通过观察、探究、记录和交流来学习算术、形状、图案规律，了解自然世界。例如，①空间关系：儿童理解物体如何在空间中移动或如何适应不同空间的能力；②分类概念：儿童根据不同的属性对物体进行比较、匹配和分类的能力；③数字识别及运算：儿童对少量物体数量的识别及进行加减运算的能力；④度量：儿童对大小、长度、重量和容积（体积）等可度量的属性以及如何度量这些属性的理解能力；⑤顺序模式：儿童识别、重复、创造不同复杂程度的顺序模式的能力；⑥图形能力：儿童对形状以及形状特点识别的能力；⑦因果关系：儿童观察、预判和推理因果关系的能力；⑧观察与探索：儿童观察、探究周围环境中（有生命的和无生命的）物体和事件，在汲取有关这些物体和事件的知识的过程中变得越来越有经验。在幼儿园需要教师设计大量的科艺游戏来培养儿童的认知能力，以及对周围世界的好奇心和探索欲。

(五)运动能力与健康意识

运动技能与健康意识的评估涵盖安全保健、运动兴趣及运动技能三个方面。随着孩子越来越敏捷,跑步、跳跃、攀爬、平衡和协调等运动技能由简到繁、由易到难,逐步发展。幼儿开始有了控制记忆、计时和排序的执行能力。这些能力对于更复杂的身体活动至关重要,例如骑自行车、投掷、接球。重复训练有助于运动技能的发展。通过使用大肌肉和小肌肉运动来加强神经连接。当幼儿重复练习某个动作,如练习倒走、跳绳、跳跃等活动时,我们就会看到幼儿运动技能的进步。在这个年龄段,精细运动技能也变得更加重要,因为幼儿开始用双手完成某些活动,如书写、绘画、搭建和制作等。

(六)视觉与表演艺术

通过参加二维和三维视觉艺术活动,儿童的艺术技巧和表现自我的创造力、复杂性和深度都会逐渐发展。它涉及视觉艺术、音乐、戏剧与舞蹈。我们可以通过审美感受、艺术表现、想象力和创造力几个方面对幼儿的视觉与表演艺术能力进行评估。

第 2 节

入学准备评估原理

一、儿童入学生理与心理评估的意义

学前儿童生理与心理评估是系统地分析学前儿童的能力发展现状，考察幼儿是否为入小学做好了准备。

评估工具的编制和施测具有极大的挑战性，因为幼儿能力发展迅速、不平衡，且具有偶然性，极易受到环境的影响。正在发育的幼儿表现出两种状态兼而有之：快速成长和停滞状态。儿童发展的四个领域包括了身体、认知、社交和情感。每个领域的发展速度不均，而且每个人的速度也不尽相同。此外，没有两个孩子拥有相同的家庭、文化和经验背景。显然，这些因素意味着"一刀切"的评估一定存在着不足之处。对幼儿评估的另一个挑战是评估需要时间。评估的实施都是一对一的。在施测过程中，孩子的注意力往往很短，因此需要多次施测。多次施测必定会占用教师教学的时间，这就需要教师充分有效地安排每日时间，既要完成测试又要完成既定的教学活动。学前儿童能力的评估对于了解幼儿能力发展情况有着非常重要的意义。

幼儿教师往往面临着两个挑战：一个是教与学的矛盾。在幼儿园阶段的教学活动以幼儿游戏为主。游戏活动并非小孩子自己随便玩耍，而是以幼儿兴趣为主导的带有学习目标的游戏活动。如果完全以儿童学习能力发展为目标，就会过度强调"学习"，而忽略儿童的兴趣。另一个是教学目标与家长期望的矛盾。家长总是望子成龙，希望自己的孩子提前为上小学做好准备，或者要"领跑"其他的孩子。如果服务于某些家长的期望，则会让幼儿每天忙于"知识"的学习，而磨损了幼儿的想象力和创造力。在幼儿教学活动中既要尊重幼儿的

生理和心理发展特点，又要设计有明确学习目标的游戏活动来最大化地培养幼儿的能力发展。而这个教学活动的实现要以教学评估为指导。

要平衡以上矛盾，最好的办法就是借助评估。在学前教育阶段建立一套完整的评估体系，在日常的教学活动中，教师要仔细观察并记录幼儿的行为表现，包括幼儿的语言表达、动手活动、与其他小朋友的交互活动，以及与教师和家长的互动等，通过有效可靠的评估工具将其记录在案，可以是一年测 1～2 次；同时，将幼儿的活动、表现及作品等都存入幼儿护照中；教师要根据幼儿各方面的表现做出分析和评价，一方面为每个幼儿的发展进步做出评价，与家长分享其结果；另一方面根据评估结果，计划和设计新的教学活动，改进已有教学。

如图 6-1 所示，儿童入学准备的评估应该具有以下特质：

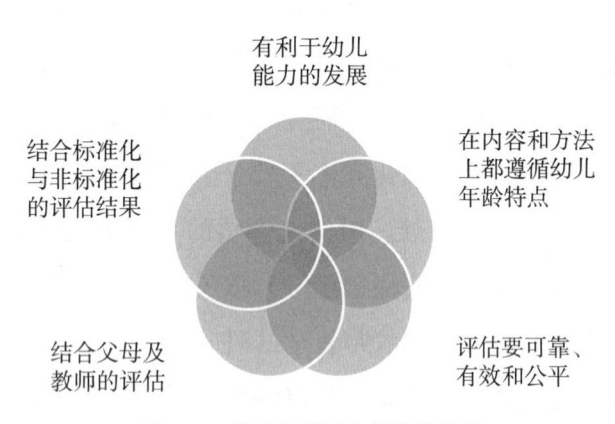

图 6-1 儿童入学准备评估的特质

20 世纪 90 年代至今，学前儿童心理和生理发展评估一直存在着两个方面的讨论。一方面，认为幼儿心理和生理发展评估是为了评估幼儿心理和生理的发展水平，包括幼儿身体发育、社会和情感、幼儿认知能力发展水平。它基于建构主义的学习理论，如皮亚杰和维果茨基的教育理论。它的核心观点是相信儿童能够通过经验来构建知识，其中知识是通过已有的知识与现实情境的相互作用之间的联系来形成。以构建主义理论为指导的教学方法更加注重以儿童为中心的学习方法，如儿童指导活动、合作学习和动手实践活动等；另一方面，认为幼儿心理和生理发展评估是为了评估幼儿的能力发展，基于强调儿童大脑发展特性的大脑神经科学的研究，大脑发展的可塑性和适应性以及发展的关键期理论，以大脑神经科学研究为基础的教学更看重儿童能力的培养，更多的是以教师为中心的教学。事实上，学前儿童心理和生理发展评估既评估学前儿童心理和生理发展水平，也要评估学前儿童的能力发展，两者都要兼顾。一个好的心理和生理发展评估体系不仅让我们了解到学前儿童的生理发展、社会情感及认知能力的发展，同时还为幼儿园的教学提供指导。

二、入学准备评估的理论解析

不同理论对什么是入学准备，应该准备什么以及如何准备等基本问题持有不同的态度和观点。**生理成熟论**的观点强调儿童内在的成熟度决定其是否准备好入学，这样的生理成熟进度因个体而异，且在儿童成熟之前提供学校经验是无用的。**环境论／经验论**则以外显技能和行为为判断标准，认为儿童的入学准备应表现为特定技能的掌握，比如辨别颜色和形状、拼写单词等。基于该观点，入学准备被认为更多是由外在的经验和环境决定的，并且可以通过教学来改变。**建构主义**的观点关注社会情境因素和社会价值标准对儿童入学准备的影响，认为对儿童内在认知能力的评估无法成为入学准备的唯一衡量标准，而应该从社会情境角度去提取相关的预期和标准，比如当一个孩子要从幼儿园升入小学时，他需要在哪些领域具备相对成熟的能力。**互动论**则结合了上述观点，认为儿童发展是内在和外在相互作用的结果，儿童的能力表现为内在成熟和外在经验的结合，因此家庭、学校和社会应该提供符合儿童内在发展的社会文化和教学环境。布朗芬·布伦纳的**生态系统理论**认为，个体是同时生活在多种环境中的，并与各环境系统密切互动。他把这些多元化的环境描述为一系列互相嵌套、同心圆式的圆圈。从他的生态学理念来看，儿童入学准备除了关注个体全方位的发展准备之外，还需要重视与家庭、幼儿园、小学及社区的互动关系。由于不同理论关注和诠释入学准备的角度不同，关于其特质的定义决定了相应的评估方式。围绕以上观点建立的入学评估主要有：发展性评估（Developmental Assessments），表现性评估（Performance-Based Assessments）以及生态取向评估（Ecological Assessments）。

（一）发展性评估

发展性评估关注的是如何测量儿童的心理发育和发展过程，因此以儿童生理成熟为标准的心理计量是其核心。通过编制测验将这些特性进行量化，将得到的数值与常模进行比较，从而产生有意义的解释。通过对比儿童间的量化成就表现分数，来确定儿童入学准备水平。此类评估得出的结论依据儿童生理年龄或群体标准来进行有意义的解释。而且，每种测验量表都无法适用于所有类别的儿童，因此，需要针对不同儿童编制不同种类的测验量表。

1. 发展性评估的目标导向

发展性评估往往得出的是具体的数值，其目标导向主要有以下几个方面。

（1）筛查和诊断

评价者会基于数值，得出相应的推论和决断。比如我们通常说的智力测验，如果一个孩子的智商是20，会认为他没有办法进入普通学校就读。

（2）对比

发展性评估中得出的数字，可以帮助我们进行个体之间和个体内的对比，如比较两个不同孩子之间的智商，或比较同一个孩子的智商和注意力。

（3）分析

通过与特定年龄组儿童能力和特征的对比，分析儿童相对于他人的优势和劣势，从而对儿童进行定位和教育安置。

2. 发展性评估的注意事项

（1）标准化

由于这类评估通常有一套标准化的程序和计分步骤，如果儿童反应和分数不能够严格统一，其结果将严重影响甚至否定常模组的比较，因此该类评估在对象和评估范围上会有一定的局限性。

（2）主观差异性

对特性的量化取决于对特性的理解，因此同样是智力测验，对智力的不同理解和划分范畴，会反映出不同的要素，因此不同量表即使名称相似，得出的数值也缺乏可比性。

（3）年龄等量概念的应用

当发展性评估将不同年龄儿童的语言发展水平进行比较的时候，忽略了生理年龄以外的影响因素，比如社会文化、成长环境对语言能力的解释。并且没有考虑反复测验带来的练习性效应。

3.发展性评估的代表性测验

发展性评估的代表性测验有格赛尔入学准备测验（Gesell School Readiness Test，GSRT）。这是最早用于评估儿童入学准备的测试之一。该测验将年龄和生理成熟作为衡量儿童入学准备的标准，主要考察儿童反应的方式和内容，是目前被描述为带有临床法特点的定性观测工具，常常被用来诊断儿童的准备情况。任务包括书写、绘画、视觉和动作的协调，以及儿童的言语表达（于涛 等，2010）。经过不断的修订和调整，在原有测验基础上形成的新量表"格赛尔发育观察校订量表"（Gesell Developmental Observation-Revised Scale，以下简称GDO-R）加入了对儿童行为和发展的检测，主要针对的年龄段为两岁半到九岁。整个评估包括施测手册、记录表、记分手册、分数转换表、教师/家长问卷。GDO-R由经过训练的主试对儿童进行个别施测。根据孩子的反应，主试进行等级评价，并将汇总后的分数进行换算，从而得到孩子的发展表现水平，这个结论依旧是以生理年龄为参照。评估方法为观察法和测验法。家长和教师问卷会从三个部分，即儿童的社交情绪/适应能力、课堂行为以及自我表达进行提问，要求老师和家长依据观察，对儿童的表现进行评价。实施格赛尔入学准备测验之前，主试需要通过一系列的培训，才能获得测验认证资格。

除此之外，应用较为广泛的个别测试工具还有：**棒棒糖测验（Lollipop**

Test)、城市入学准备测验(Metropolitan Readiness Test)、菲尔普斯幼儿园准备量表(Phelps Kindergarten Readiness Scale)、皮博迪图片词汇测验(Peabody Picture Vocabulary Test)(Janus & Offord, 2007)。国内基于五大领域模型编制的中国儿童入学准备评估系列工具(School Readiness Test Battery, SRTB)包括运动技能发展、言语发展、学习方式、情绪和社会性、认知和一般知识五个方面(于涛 等,2010)。

(二)表现性评估/实作评估

表现性评估是以观察和专业判断来评估学生学习成就的评估方式(Stiggins, 1987)。表现性评估主要包含几个要素：要求学生应用知识和技能解决问题，以展现认知的复杂度；其考察问题往往在实际情境下，或呈现真实生活中需要面临和解决的问题；评估题目没有绝对的指标，为的是呈现和探讨学生解决问题的多样性和创造性；表现性评估的目标是评估学生如何将所学所知表现和应用在具体成果上，注重评估过程而非结果。

需要注意的问题是，表现性评估的内容通常围绕具体学科，并且要与教学目标相一致。在应用该评估时，要权衡评估的内容及目的。表现性评估的情境越接近真实情境，其评估结果越能反映儿童的成就水平，在评估前要考虑施测情境的真实性和可操作性(见表6-1)。

表 6-1 表现性评估与传统纸笔测验的比较

	表现性评估	传统纸笔测验
评估侧重	高阶认知能力的运用，比如问题解决能力和分析归纳能力	所学知识的掌握程度
呈现方式	报告、实验、操作、演讲等	选择题，判断正误
结果的指导性	适用于纸笔测验和难以反映出真正学习成果的学科，比如语文、科学、体育等	成绩分类
评估方式	过程性评估，成人评价	个人测验

代表性的表现性评估有表现取样系统（Working Sampling System，以下简称 WSS）。表现取样系统在正常的课堂教学活动中同时进行，以课堂为评定情境，对儿童的行为进行观察评定。WSS 包括三个部分：①行为评定量表：包括 7 个领域的内容：个体和社会性发展、言语表达和读写能力、数学思维、科学思维、社会研究、艺术、运动技能发展和身体健康。教师依据指导对儿童这些领域的行为进行过程性的等级评定，评定等级划分为：已经形成、正在形成、未形成。②成长记录袋：由儿童的作品组成，这些作品反映了儿童的努力、进步和成绩，是儿童成长过程的记录。③总结报告：在行为评定量表和成长记录袋的基础上，教师对儿童这一阶段的发展情况作整体性的评价。

（三）生态化取向评估

1. 生态系统理论模型

生态化评估的理论基础来源于布朗芬·布伦纳的生态系统理论，该理论侧重环境对儿童发展的影响，将儿童与环境看成是不可分割的整体。因此，生态化评估是对个体与其所处环境中各项因素进行评估的过程。图 6-2 为儿童所在的生态系统，其中直接作用于儿童成长的为小系统，其中的主要影响因素是家庭；其次是中系统，如学校、社区、同龄朋友等。系统由里至外扩展，对儿童的影响也从直接转变为间接。需要注意的是，这些系统均体现一定的时代特性，具有一定的社会文化特殊性，因此也随着儿童的成长及其所在环境的转换而变化。生态化评估的目标主要强调在自然环境和具体社会文化背景下评估影响儿童入学准备的各项因素。因此，环境的功能性以及在特定环境下影响儿童入学准备的因素，是其评价的扩展对象。生态化评估通常以课堂为基础，以儿童为中心，并且注重及时了解儿童的认知与情感发展走向，根据儿童的变化设计出有效的课程计划与教学策略。在评估的基础上，培养个体适当的社会性行为，协助个体社会化，以实现教育机会均等。

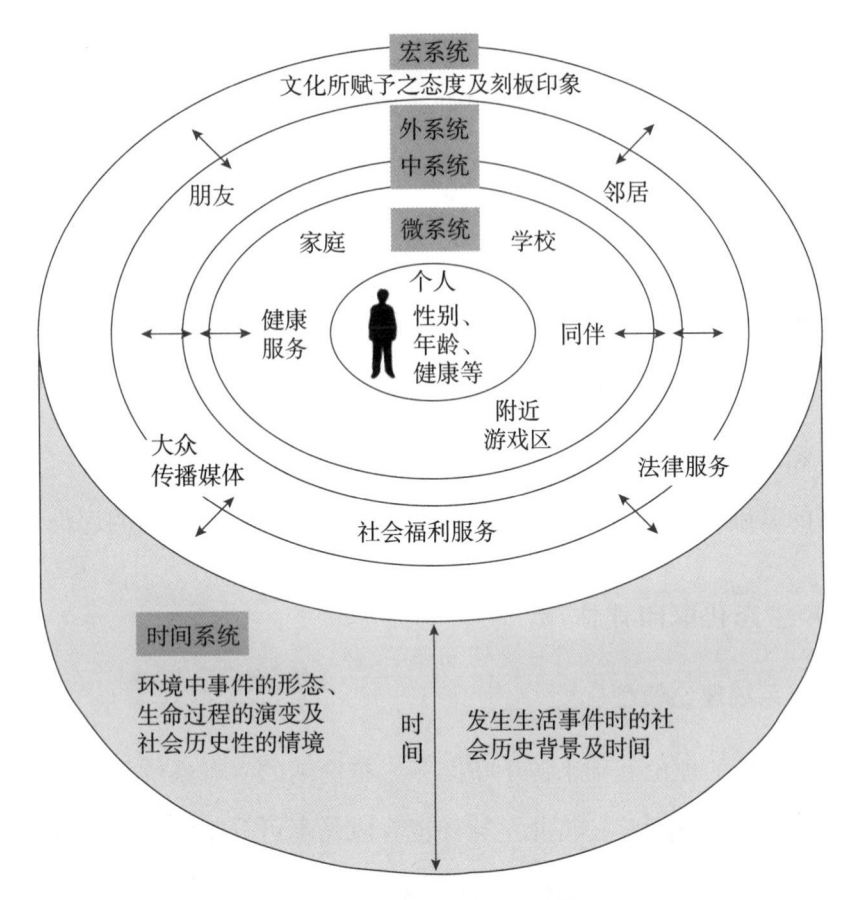

图 6-2 生态系统理论模型

2. 生态化评估的注意事项

在应用生态化评估取向时，应注意以下问题，即强调自然的概念，顺应个体和时代的变化，以及侧重质性评估。

（1）强调自然的概念

生态化评估注重在自然情境下以儿童为中心进行测量，因此这样的评估通常选用课堂教学情境，基于五个阶段：第一阶段，确定学习目标；第二阶段，搜集证据（学生的行为、言语及其完成的作品）；第三阶段，描述和分析这些数据；第四阶段，根据学习目标解释测量结果；第五阶段，将得到的信息应用到未来的计划中。

（2）变化性

由于生态系统理论认为儿童发展是与环境互动的结果，因此评估的原则应从学生自身需求出发，以满足其适应社会需要的适应性行为为评估内容。由于每位学生所处的环境不同，因此生态化评估强调个别化，比如评估学生生活能力时，如果一个学生住的离学校远，那么乘坐公交车就可能列入该学生的必备能力。其次，评估的内容也需要顺应儿童生活的时代和文化环境，并且随着这些大环境的改变而改变。

（3）质性评估

以学生为中心，强调对学生与其周围环境互动关系的了解，通过观察、记录、访谈及正式或非正式测量工具，收集学生在环境中的发展情况，以便为教师设计教学方案提供参考。评估方法主要是观察法。

就目前研究来看，生态化评估的扩展对象主要关注学校、家庭和学前教育准备三方面。因此在制定量表进行评估的同时，家庭和教育环境会成为必要的评估对象。基于此，美国国家教育目标委员会（National Education Goals Panel，以下简称NEGP）提出的生态化模型包括：儿童个体对进入学校的准备（具备参与学校学习的能力）；学校为接受儿童进入学校所做的准备；儿童入学准备的社区服务和家庭支持。

2003—2006年，美国高瞻（High Scope）教育研究基金会制订了一个学校准备评估方案（Readiness School Assessment），列举了以下八条衡量学校入学准备是否完善的标准：

①学校领导层面需大力倡导和监督教师及专业从业者在入学准备方面所作的措施，并鼓励和引进相关资源和技术。

②确保由家庭到学校环境的自然过渡。

③明确教师团队的职责和分工。

④课堂环境强调互动性，确保教育环境和教学设计以学生为中心。

⑤积极学习和运用科学的课程。

⑥指导和支持父母对学生的有效陪伴，扩展儿童学习和成长的环境，并且鼓励家长参与学校活动。

⑦倡导和尊重文化多样性。

⑧明确评估目标，确保阶段性评估能够准确反映学生的成长。

3. 生态化评估的代表性工具

生态化评估的代表性评估有早期发展工具（Early Development Instrument，以下简称 EDI），是加拿大麦克马斯特大学开发的入学准备的评定量表，内容与 NEGP 的五大儿童发展领域基本一致。量表包括三个部分，第一部分收集儿童的人口统计学信息（性别、年龄、出生日期、语言等）；第二部分是正式的测题，共 101 个项目，涉及入学准备的五个领域：身体健康与动作技能发展、社会能力、情感成熟、语言与认知发展、交往技能与一般知识；第三部分是关于儿童学前经历的信息，如儿童参与的早期干预项目、儿童看护等。该量表采用教师等级评定的方式，整个测验需要 7～20 分钟，量表的各个领域内部一致性信度为 0.84～0.96，评定者信度为 0.53～0.80，总体来看该量表简单方便，易于操作，综合全面，并且具有较好的测量学属性，便于大样本研究。

英国剑桥大学家庭教育研究中心研究开发了"入学准备之早期技能与支持体系评估简表"（The Brief Early Skills and Support Index，以下简称 BESSI），其入学准备评价指标主要集中于学前读写能力、言语交际能力、情绪和社会性、身体运动技能、认知和一般知识等，而不同地区对以上几个方面的重视程度又各不相同，为此 BESSI 开发了系统均衡的指标体系，分别为"行为适应"（behavioral adjustment）"语言和认知发展"（language and cognition）"日常生活技能"（daily living skills）以及"家庭支持"（family support）四个领域及三十个指标项目。这三十个指标项目中包括 20 个正面陈述和 10 个负向表述，这样正负并行的指标项目可以最大限度地减少调查者的偏见。相较于 EDI 量表侧重于儿童个体能力和水平，BESSI 一个较为突出的创新是增加了有关家庭的系统性评估，"家庭支持"领域包括 6 个项目：经常获得照料者的表扬和鼓励；经常出现困倦及疲惫感；总是很守时；很少旷课（缺席幼儿园学习）；在家里谈论有趣的、共享的活动；在家里有规律地阅读。

第3节

入学准备评估方法

学前儿童能力评估是系统地收集和分析学生能力发展的信息，以便更好地指导教师的教学。能力评估使教师能够将学生的表现与特定学习目标联系起来，以衡量他们教学的有效性。学前儿童能力评估非常重要，它为教师和学前儿童提供了儿童是否达到生理和心理发展的目标的依据，使教师能够确定学生对课程学习目标的理解和掌握程度，提供了学生学习效果的证据。评估在教学设计中至关重要，教师和课程设计者在设计特定单元和课程教学之前首先要考虑评估，从而预先考虑学生是否能够达到预期的教学目标。

一、学前儿童能力评估的形式

学前儿童生理及其心理发展评估主要通过两种形式：标准化与非标准化评估。标准化评估方法是系统的、预先计划好的、基于数据的测试，用于衡量学生知识和技能的发展。标准化评价方法注重幼儿的学习内容及技能程度，可用于与某些标准进行比较。例如，标准化测试、成就测试、能力测试等。标准化评价方法的特点体现在：测试的结果应该能够回答这些问题——学生的学业水平、学生的技能发展水平如何？应该能够衡量学生对预期内容的了解，学生是否达到了学习目标，标准化评价应该能够提供有力的证据。评估的结果也可用于比较的信息（将学生的表现与标准化测试中常模进行比较）。

非标准化评估方法是那些自发的评估形式，可以很容易地纳入日常的课堂活动，并衡量学生的表现和进步，如课堂的观察记录、轶事记录、运行记录等。非标准化评估的特点：它是即时的、有效的对幼儿行为表现的评价。由于非标准化评价方法是问卷或观察记录，则会存在主观性、公平性、公正性的问题。所以在设计非标准化评价时，要注意给幼儿提供平等的评估机会，有明确的评分标准、评估流程及相应的标准化的指导语等。

非标准化评估不能取代标准化评价方法。两者各有优势，相互补充。每一种评估方法都有其特有的目的。例如，如果我们想要评估学生的学业成绩及技能发展并将其与其他学生进行比较，那么我们可以使用标准化评估方法。如果我们想要通过评估来监控学生的进步并帮助儿童进步，或者通过评估来改进教学，那么我们就可以使用非标准化评估。作为学前教育的评估系统，两者要兼顾使用，在学期开始或结束时可以使用标准化评估，掌握学前儿童整体的发展状况；在日常生活与学习中要对儿童的进步随时进行观察和记录，随时对儿童的教学活动进行调整。

二、儿童入学准备评估的方法

幼儿生理和心理发展的评估有多种方式，如教学记录、家庭问卷、教师评估及幼儿能力发展评估。

（一）教学记录

1. 观察记录

一个明确的检查清单与观察培训是至关重要的。对孩子的行为和技能的观察为老师提供了帮助，为了能有效和准确地评估孩子的发展能力，教师需要系统严格的培训。例如，老师观察一个孩子在绘声绘色地讲述昨晚在家里发生的事情，面部表情表达了孩子对所讲述的事情的投入，它比口头语言的表达更真实。如何将教师观察到的内容客观地记录下来，同时给出你对幼儿能力的评价，了解什么是评价的标准，如何将行为表现转化为评价的分数，这些都是教师需要进行培训的内容。

2. 轶事记录

轶事记录是对儿童行为的简短的、事实性、叙述性的描述。轶事记录应尽可能客观简短，例如，"娜娜，5岁，今天选择了阅读一本书——《火车蕾蕾》。她一边读一边指着画面下面的文字。"

3. 运行记录

运行记录类似于轶事记录，但记录的内容更多且更长。观察者在特定的时间段以叙述的形式客观记录孩子的言行举止。运行记录有助于分析儿童的社交技能发展或行为问题。运行记录也可以聚焦到儿童的阅读上来，如教师要求幼儿复述刚读过的绘本，记录下幼儿阅读过程中的错误，并给予综合评价。此外，教师在课堂上可以请小朋友复述故事，对小朋友的复述情况做一个记录，如统计故事的字数和小朋友讲的字数，记录小朋友说错的字数，通过下面的评分标准总结小朋友阅读准确率和自我纠正率。如果小朋友不知如何开始，教师可以给些提示，例如，书的最开始说什么了？下面发生什么了？能再多说一些吗？

阅读评分标准：

正确阅读字数 = 总字数 − 总的错误字数

阅读准确率 = 正确阅读字数 / 总字数。如：总字数 30，总的错误字数 2，阅读准确率 = (30−2)/30 ≈ 93%。

自我纠正率 = 自我纠正字数 / (总的错误字数 + 自我纠正字数)。如：自我纠正字数 1，自我纠正率 = 1/(2+1) ≈ 33%，在三个错误中，自我纠正一个错误。

（二）家庭问卷

父母最了解孩子在家中的表现，包括他们的行为习惯、语言表达、社会交往、情绪和情感发展等。家庭问卷通过调查或收集获取有价值的信息。如果想要了解幼儿在家里的阅读习惯及口语能力的发展情况，可以设计一个家长问卷，问卷可以是多选题或者是开放式的问题，它属于非标准化评估。

（三）教师对学前儿童生理心理发展的评估

教师可以通过一年两次（秋季和春季）的记录对儿童的生理心理发展状况

做出评估，内容涵盖行为规范和学习习惯、运动能力和健康意识、语言能力发展、社会和情感发展、认知和思维能力发展以及视觉和表演艺术六个方面。

根据幼儿的行为表现，将儿童的表现记录在表格中。1（不符合）表示需再努力，2（基本符合）表示良好，3（完全符合）表示优秀。详见表6-2。

表6-2 教师对幼儿生理心理发展的评估

领域	维度	具体项目	秋季	春季
行为规范和学习习惯	行为规范	能够独立完成个人卫生、饮食等日常活动，如上厕所、穿衣、吃饭		
		能够按时完成日常活动，如睡觉、起床、吃饭、游戏等		
		有良好的卫生习惯，如饭后漱口或刷牙、饭前便后洗手		
		能将用过的工具、玩具、图书等放回原处		
	自我管理	注意力		
		参与和坚持		
		好奇心和学习主动性		
		自我情绪调节、自我控制力		
		对空间和物品的分享		
运动技能和健康意识	安全保健	听老师的话，不做危险的事情		
		能及时将自己身体的不适告诉成人，并愿意配合医生治疗		
		认识五官，知道其主要用途及保护方法		
		不挑食，懂得多吃菜有益健康、喝饮料和吃零食有害健康		
	运动兴趣	愿意参加体育活动		

续表

领域	维度	具体项目	秋季	春季
运动技能和健康意识	运动技能	身高		
		体重		
		10米折返跑		
		立定跳远		
		沙包掷远		
		双脚连续跳		
		坐位体前驱		
		走平衡木		
		双手向上抛球		
		双手抓杆悬空		
		单脚连续前跳		
		快跑15米		
		两只手协调合作		
		双手操作控制能力		
语言能力发展	语言理解	能够听从指令，准确执行		
		读书后可以讲述或表演出来		
	语言表达	清楚地表达自己的需要		
		清楚地描述看到的事物		
	早期阅读	在成人帮助下阅读绘本		
		阅读后可以复述给他人		
	书写能力	能够写出自己的名字		
		能够写出简单的字词或短句		

续表

领域	维度	具体项目	秋季	春季
社会和情感能力	自我意识	了解自己和家人（姓名、性别、年龄、身高、体重）		
		在成人的鼓励下，能独立做一些自己能做的事		
		遇到困难时知道寻求帮助		
	社会常识	了解家庭成员和周围人的职业（如教师、医生、消防员）		
		知道一些主要的节日，并愿意参加节日活动		
		愿意参加集体活动		
	社会交往	有礼貌，并能初步运用常用的礼貌用语（××好、再见、谢谢、不客气等）		
		愿意与同伴交往，能友好相处		
		与其他小朋友发生冲突时，能够听从成人的劝解		
		遵守日常生活中的基本规则（如区角规则、游戏规则）		
	情绪情感	情绪稳定，愿意来幼儿园		
		愿意与同伴或成人进行沟通合作		
		乐意与同伴玩角色扮演的游戏		
认知和思维能力	科学常识	常见物品的名称		
		常见动植物名称和特点		
		天气和季节的主要特征		
	思维能力	颜色与形状		
		数字识别及运算		
		物体分类		
		比较大小、长短、高矮、宽窄、时间概念		
		顺序模式		
		空间关系		
		时间顺序和因果关系		

续表

领域	维度	具体项目	秋季	春季
视觉和表演艺术	审美感受	集中注意观看表演		
		乐于参与表演		
	艺术表现	绘画时注意到细节		
		通过不同的艺术形式表达		
	想象与创造	听完故事后，可以表演出来		
		创造性地设计道具、动作等		

（四）幼儿能力发展评估

幼儿能力发展评估是对幼儿思维、语言等能力进行标准化的评估，标准化评估是以了解幼儿能力发展进程和制订教学计划为目的的。

1. 思维能力测验

思维是人的大脑具有的功能。思维能力是人们对客观世界的认知及分析与解决问题的能力。它既包括我们常说的认知能力，也包括高级的思维能力。认识能力指人脑加工、储存和提取信息的能力，它是人们成功完成活动最重要的心理条件，包括知觉、记忆、注意、想象等能力；而思维能力强调思维的高级活动阶段，包括分析综合能力、归纳能力、演绎能力、抽象能力、概括能力、比较分类能力、创新能力、联想能力、空间转换能力等。

学前儿童的思维能力评估内容需要从形状推理、数字推理、比较、分类、数字运算与度量等方面进行设计。

2. 语言能力测验

语言能力评估是对幼儿语言理解能力和表达能力的综合考察，涉及口语和书面语言两种形式（请参考《心理学家的幼教课Ⅰ：幼儿园里的核心素养课》第12讲内容）。如果想要了解幼儿的口语词汇量，我们可以设计一个标准化测验。通过测验测量出幼儿的图画命名的正确率,并分析幼儿口语词汇量。

3. 各种基础学习力的测验

请参照本书第2讲和第3讲提出的内容和方法。

总之,要准确评价学前儿童是否为入学做好了准备,需要为每个儿童建立"幼儿护照",结合标准化和非标准化评估形式,系统地对儿童生理和心理发展进行评价,包括教学记录、家庭问卷、教师的评估及学前儿童基础认知能力发展评估。评估结果将为教师提供儿童能力发展、行为习惯及知识水平的状态;教师可以根据评估结果指导教学活动的设计和改进;评估的结果还有助于幼儿园教师与家长有效沟通,从而为学前儿童入学做好充分的准备。

西方发达国家入学准备研究在20世纪60年代就已开始,大量研究表明,如果儿童在进入学校时处于入学准备的劣势,那么这种早期差距将会长期存在。就美国而言,"儿童入学准备"已于1991年被纳入《美国教育法案》,继而在2001年颁布的《不让一个孩子掉队法案》(No Child Left Behind Act)中被再次予以重视。至2014年初,美国50个州都已经或正在制定本州的早期学习标准,以确保儿童良好的入学准备。因此,如何评估入学准备也日益受到重视。

就我国而言,"入学准备"仍然是一个较为新鲜的概念,自2005年相关学者将此概念引入之后,对入学准备评估也有了更多的探讨。以上海为例,对课程改革的探讨集中于提高课程领导力(上海市教育委员会教学研究室,2013),因此,检验课程实施质量是必要的环节。学校迫切需要科学的评价工具来支持评价工作的开展。目前,越来越多的幼儿园采纳档案袋评价等表现型评价的方法,相关领域也借鉴了不少外来评价工具,比如High Scope教育研究基金会的儿童观察记录(Child Observation Record, COR)、美国加州的预期发展结果评价档案(Desired Result Developmental Profile, DRDP),或者是美国创意课程(The Creative Curriculum)中的Teaching Strategies GOLD教学方法。这些工具操作性强,指标简单明了,能提升教师观察和评价的针对性,且具有较广泛的适用性。针对我国入学准备研究的现状,可以提出以下几点启示。

（1）评价工具的研发和使用要适应国情。由于评价本身具有一定的导向性，其指标的确立必须与国情相适应，并且考虑本国环境、教育因素的影响，比如农村和城市入学准备的评价就存在着差异；

（2）构建评价的多元主体。家长应该作为教师以外的另一个重要的评价主体，学校与家庭之间的互动与同步是入学准备评价的必然趋势，对入学准备概念的思考和更新是必要的，目前国内仍然注重学业、成绩和知识的教学，对入学准备的认识仍存在一定的偏差；

（3）入学准备评价的服务对象应涵盖特殊儿童及其家庭，评价工具的建立和选择也应充分反映其特殊需求。

给教师的建议

入学准备评估的变化和发展，体现教育理念的不断调整和完善，从生理成熟论到用生态的眼光看待儿童所处的整个环境，要求教师在评估时也调整自己的目标。当思考如何评价儿童是否具备相应的入学水平时，以下建议有助于帮助教师选择合适的评估方式。

1. 在充分了解和掌握儿童身心发展规律的基础上，选择贴合规律的评估手段，避免有过强的主观性，提高评估的客观性和科学性；

2. 明确评估的目标和侧重，基于评估方式各有所长，又趋于融合的趋势，教师在评估之前需要思考，评估的目标是侧重生理技能的评估，还是需要考量认知、情感等心理因素与家庭、环境等社会因素；

3. 以儿童和家庭的需要为中心，入学准备评估在国内通常以评估学科知识和行为习惯为主，常常忽视孩子基础认知能力和思维能力的发展，过分依赖成绩，并对成绩进行分级，从而造成教育安置的失误，以及早期干预的延迟；

4. 选择评估时要考虑其结论的衍生意义，通常在需要做诊断和筛选决策时会选用发展性评估和技能评估，而在给出教学建议和做出相应教学调整时，可以适当使用过程性评价，结合质性评价和生态取向评估；

5. 充分明白评估的结论所起到的作用，但不完全依赖于评估结果，因为所有的评估都非绝对，要结合学生的实际情况和教师本人对其的了解，必要时对结果进行相应的解释；

6. 在使用任何一项评估前，接受培训和练习，了解评估的原理、内容、操作手段和评价方式，思考其可操作性，将评估效果最优化。

有研究对美国各州教师关于入学准备的理解进行调查，发现大部分教师认为入学准备主要包含三个方面：学习能力（Academic Skills）、社交能力（Social-emotional Skills）及日常生活技能（Activities of Daily Living）。Hustedt等人在此基础上进行了补充，发现教师在原有基础上更加强调认知思维、执行能力和社交能力。这给教师在儿童入学准备评估上以启示。

给家长的建议

家长是孩子最好的评估师,尤其是在日常生活中,有许多观察孩子行为表现、训练生活技能的绝佳机会。调查表明,家庭在儿童早期学习和发展中的地位是首位的,适当观察和分析孩子的日常行为和生理发展,可以帮助家长更好地选择合适孩子的教育服务。

有研究从三方面对家庭在入学准备中的作用进行了研究:家庭观念中的入学准备;父母在帮助孩子进入学校时所做的努力;不同社会经济地位或文化背景的家庭在入学准备上的差异。研究结论表明,家长对入学准备的定位集中于学习能力,比如阅读能力和运算能力。从前有不少家长认为上学前班是没有必要的,因此会等到孩子成长到一定的年龄,把他们直接送去上小学,但现在很多家长都认为,孩子的一些技能是通过与环境的相处,以及人与人之间的交际而习得的,因此家长对孩子成长的观念并不局限于生理成熟,而是更加看到环境在孩子成长过程中起到的塑造作用。其次,仍有大部分家长担心自己的孩子不能够很快地跟上幼儿园的节奏,在学业和课堂表现上会落后于其他学生。值得关注的是,在全球化发展的进程下,文化多样性也成为家长越来越关注的话题,在把孩子送进学校时,他们的考量也会受到不同文化背景、不同种族或社会经济阶层的影响。

由此可见,家长在入学准备中的关注点和需求上的差异,直接影响其对学校的选择。在我们充分了解家庭环境,以及与父母之间的互动是决定儿童是否准备好开始学校生活的关键因素之后,给出以下建议。

(1)充分了解和意识到父母在儿童早期成长发展中的重要性,明白父母也是儿童顺利进行入学准备的责任主体之一;主动观察儿童的表现,为儿童成长做好记录;了解参与子女入学准备的各种途径,并积极做好准备;

(2)调整入学准备的观念,从关注知识教育,例如拼音识字、算数等知识学习转变为关注儿童基础学习力的培养,同时关注运动能力、社交技能的发展，训练品格等非学科能力；培养儿童的倾听能力、自主表达意愿和遵从指令能力；

（3）明确家庭和儿童的诉求，根据需要选择合适的教育服务。父母在选择幼儿园和早教项目时，有必要对其教育理念、教育环境进行了解，并且对比孩子入学前后的表现，与老师及时沟通；

（4）尽早为孩子营造互动性强的家庭环境，让孩子体验多种多样的有益活动，增加有效陪伴时间，例如亲子共读，做游戏（如捉迷藏、数台阶等），听音乐，跳舞，找到好的玩耍伙伴，以及参观博物馆，或者去公园和操场游玩，都有助于发展儿童的各种技能；

（5）对于有特殊需求的家庭，及时评估孩子的生理和心理发展状况，需要更加主动地去寻找相关资源和教育服务，并且尽早开展早期干预。

参考文献

[1] 曹思敏. 汉语儿童前识字发展研究[D]. 上海：华东师范大学，2010.

[2] 陈谨. 浅谈学习准备期学习习惯的培养[J]. 现代教学，2008 (11)：2.

[3] 关鸿羽. 教育就是培养习惯：养成教育[M]. 北京：新世界出版社，2003：13.

[4] 胡志刚. 教育时机论[M]. 哈尔滨：黑龙江人民出版社，2003：58-59.

[5] 黄瑾，田方. 学前儿童数学学习与发展核心经验[M]. 南京：南京师范大学出版社，2015.

[6] 贾娇. 小学一年级新生学习适应性现状调查研究[D]. 石家庄：河北师范大学，2017.

[7] 李红，王乃弋. 论执行功能及其发展研究[J]. 心理科学，2004(02):426-430.

[8] 李美华，白学军. 不同学业成绩类型学生执行功能发展[J]. 心理科学，2008(04):866-870,855.

[9] 林格. 怎样培养习惯[M]. 北京：新世界出版社，2006.

[10] 林检妹，潘月娟. 国外入学准备评价工具的关键特征分析[J]. 学前教育研究，2012(09):18-22.

[11] 林正文. 儿童行为的塑造与矫正[M]. 北京：北京师范大学出版社，1998.

[12] 栾文双，王静梅，卢英俊. 学前儿童执行功能研究综述[J]. 幼儿教育，2013(Z6):81-85.

[13] 刘弘白. 儿童教育[G]. 上海：上海三联书店，2016.

[14] 刘杰，孟会敏. 关于布郎芬·布伦纳发展心理学生态系统理论[J]. 中国健康心理学杂志，2009，17(02):250-252.

[15] (美) J.布罗菲. 激发学习动机[M]. 陆怡如，译. 上海：华东师范大学出

版社，2005.

[16] (美)杰克·肖可夫，(美)黛博拉·菲利普斯. 从神经细胞到社会成员：儿童早期发展的科学[M]. 方俊明，李伟亚，译. 南京：南京师范大学出版社，2007.

[17] 上海市教育委员会教学研究室. 基于问题解决提升课程领导力的行动[M]. 上海：华东师范大学出版社，2013.

[18] 孙蕾，吕正欣. 环境与儿童入学准备：国外儿童入学准备教育实践的生态化取向及其启示[J]. 外国教育研究，2007(05):77-80.

[19] 孙云晓. 儿童教育就是培养好习惯[M]. 北京：北京出版社，2003.

[20] 孙云晓. 教育就是培养好习惯[M]. 江苏：江苏教育出版社，2007.

[21] 王菠，王萍. 学前儿童入学准备的评估工具研究——基于英国剑桥大学入学准备之早期技能与支持评估简表的分析[J]. 外国中小学教育，2017(06):26-31.

[22] 王辉. 特殊儿童教育诊断与评估[M]. 南京：南京大学出版社，2015.

[23] 王津. 学前儿童科学知识图画书阅读理解研究[D]. 上海：华东师范大学，2013.

[24] 于涛，邰宇，盖笑松. 儿童入学准备的评估与促进[J]. 心理科学进展，2010，18(01):46-54.

[25] 张莉，周兢. 学前儿童学习品质发展及其对早期语言和数学能力的预测作用[J]. 全球教育展望，2018(5):113-128.

[26] 张玉平. 小学生不良行为习惯的现状分析及调适策略[D]. 呼和浩特：内蒙古师范大学，2013.

[27] 周兢. 学前儿童语言学习与发展核心经验[M]. 南京：南京师范大学出版社，2014.

[28] Aunola, K., Leskinen, E., Lerkkanen, M. K., & Nurmi, J. E. Developmental dynamics of math performance from preschool to grade 2[J]. Journal of Educational Psychology, 2004, 96(4): 699-713.

[29] Bull R, Espy K A, Wiebe S A. Short-term memory, working memory, and

executive functioning in preschoolers: Longitudinal predictors of mathematical achievement at age 7 years[J]. Developmental Neuropsychology, 2008, 33(3):205-228.

[30] Brown, C. P., & Lan, Y. C. Understanding families' conceptions of school readiness in the United States: a qualitative metasynthesis[J]. International Journal of Early Years Education, 2018:1-19.

[31] Dowker, P. M. Ready or not, here we come: What it means to be a ready school[J]. YC Young Children, 2007, 62(2): 68.

[32] Evans, Jeffrey, J, et al .The relations between measures of Cattell-Horn-Carroll (CHC) cognitive abilities and reading achievement during childhood and adolescence[J]. School Psychology Review, 2002, 31(2):246-262.

[33] Gallistel, C. R. The child's understanding of number[M]. Harvard University Press, 1978.

[34] Hughes, C., Daly, I., Foley, S., White, N., & Devine, R. T. Measuring the foundations of school readiness: Introducing a new questionnaire for teachers–The Brief Early Skills and Support Index (BESSI)[J].British Journal of Educational Psychology, 2015,85(3):332-356.

[35] Hustedt, J. T., Buell, M. J., Hallam, R. A., & Pinder, W. M.While Kindergarten Has Changed, Some Beliefs Stay the Same: Kindergarten Teachers' Beliefs About Readiness[J]. Journal of Research in Childhood Education,2018,32(1):52-66.

[36] Hyson, M., Copple, C., & Jones, J.Early child development and education. In K. A.Renningen, & E. Sigel (Edits). Handbook of Child Psychology. V. 4, New York: John Wiley & Sons, 2006:3-47.

[37] Janus M, Offord, D. R. Development and Psychometric Properties of the Early Development Instrument (EDI): A Measure of Children's School Readiness[J]. Canadian Journal of Behavioural Science, 2007, 39(1):1-22.

[38] Lemelin J P, Boivin M, JR Séguin, et al. The Genetic–Environmental Etiology of Cognitive School Readiness and Later Academic Achievement in Early

Childhood[J]. Child Development, 2007, 78(6):1855-1869.

[39] Mehaffie, K. E., McCall, R. B. Kindergarten readiness: An overview of issues and assessment. Special Report. University of Pittsburg Office of Child Development. University Center for Social and Urban Research, 2002.

[40] Meisels, S. J., Liaw, F. R., Dorfman, A., & Nelson, R. F. The Work Sampling System: Reliability and validity of a performance assessment for young children[J]. Early Childhood Research Quarterly, 1995, 10(3):277-296.

[41] Piotrkowski, C. S., Botsko, M., & Matthews, E. Parents' and teachers' beliefs about children's school readiness in a high-need community[J]. Early Childhood Research Quarterly, 2000, 15(4):537-558.

[42] Stiggins, R. J. Design and development of performance assessments[J]. Educational measurement: Issues and practice, 1987, 6(3):33-42.

[43] Scott-Little, C., Kagan, S. L. & Frelow, V. S. Conceptualization of Readiness and the Content of Early Learning Standards: The Intersection of Policy and Research?［J］. Early Childhood Research Quarterly, 2006(2) :153-173.

附录

教育名家对学习支持中心的赞誉

顾明远

国家教育咨询委员会委员、中国教育学会名誉会长、北京师范大学资深教授

学生的成长是我们每一位教师生命的价值所在和快乐源泉，为此我要特别感谢陕西师范大学实验小学，感谢罗坤校长、赵微教授和他们的优秀团队，是他们在长年累月的一线教学实践中首创了针对后20%的孩子的全国首家学习支持中心，并且不断延展开发。

王本中

国家教育咨询委员会、国家教育考试指导委员会委员、北京圣陶教育发展与创新研究院院长

赵微教授及其陕西师范大学研究团队开始在小学阶段进行心理学层面的指导，直接促进学生健康成长。成长比成才更重要，成长包括学生的成人及健全人格，而成长既包括对学业，也包括对自然、对社会以及对个人的认知，所以这项工作非常有意义。这将惠及每一个学生，真正促进每个学生全面的而有个性的发展，马克思曾说过"促进每位学生全面、充分而自由的发展"，在这个研究基础上扎扎实实地做起，这样的美好前景一定能实现。

陕西师范大学实验小学率先走出这一步，赵微教授的团队在这里艰苦探索

了很多年。学习支持中心面对的最困难的问题就是班级中后 20% 的学生如何发展、如何让他们健康成长。首先要把他们的分数提上来，通过提升分数来促进学生的健康发展，通过提分来育人这不是应试教育，而是素质教育。现在的工作还处于探索阶段，下一阶段是健康成长，接着是健康发展，我想这个事业非常有前途。通过学习支持中心这个"内循环"系统，在专家团队的引领下，全校参与其中，面向所有学生，真正做到了让每一个孩子健康发展。

郭振有
原国家副总督学、中国教育学会原常务副会长

陕西师范大学实验小学学习支持中心最大的贡献是提出和解决了当前中国基础教育最难解决的一个问题：关注每一个孩子，为每位学生提供公平而高质量的教育，不让任何一个孩子掉队。"每"这个字非常重要，不让每一个孩子掉队。教育是最受关注的民生工程，教育发展不公平是让学校最困惑、家长最头疼的问题。教育要发展、要创新，需要着力去突破这个难点、解决这个难题，这对实施素质教育有特别重要的意义。陕西师范大学实验小学的经验具有全国的、普遍的意义。做好 80% 可以成名师，不让每一位学生掉队才能成为教育家，才是人民满意的教育。

李文玲
教授，博士生导师，美国 5C 教育研究院院长

赵微教授在陕西师范大学实验小学已经成立了学习支持中心和审辩思维教学的教学团队，他们都在积极地探讨小学阶段有效的教学方法，在小学阶段能够基于认知科学建立学习支持中心，为不同的学生提供学习支持，在教学中还强调审辩思维能力的训练，这些都能更好地为我们培养未来国家需要的人才打下坚实的基础。

斯泰西·里昂 Stacy Lyon
美国犹他州教育厅汉语双语浸入式项目主任

赵微教授团队开发的学校支持系统将会帮助那些在中国的小学学习困难的学生，为他们提供教育成功的机会。我相信赵微教授及其学习支持中心开展的项目，不仅会影响中国的学生，同样也会影响美国的学生，这将帮助我们更好地培训中文老师，让他们帮助学生克服在学习中文过程中遇到的困难。在过去13年里，依托学生支持体系，陕西师范大学实验小学500名学生的生活已经发生了显著改变。如赵微教授所说，时代呼唤高品质的个性化教育，当我们身边的人都开心时，我们的世界将会变得更加美好！

王允庆
大连现代学习科学研究院院长

赵微教授开创的学习支持中心不应该仅仅是今天的"星星之火"，它应该在中国的基础教育界"遍地开花"。学习支持中心是目前在班级授课条件下实现个别化教育的一种非常有效的形式，也就是说在班级授课条件下我们的社会成本很难支持个别化教育的实现。但是，在这种情况下如何做到关注每一位学生是所有学校面临的难题，那究竟该怎么办呢？学习支持中心是这个时代发展的一种有效形式，或者是一种必然选择，即在班级授课条件下，在学校里成立一个学习支持中心满足不同成长需求的儿童，基于儿童本身提供有效的探索，这是一个成功之路，这也是我竭力将学习支持中心向全国推广的一个原因。

程方平
中国人民大学教授、博士生导师

"以学生为本，为学生服务，关注每一个孩子"，它不是一句空话，它和我们很多的研究实验有关，我们只有更好地了解学生，这个学生不是抽象的学生，一定是具体的学生。我们只有做好了，才能保证我们的研究，包括最后那20%的学生，让他们跟所有的学生一样发展，才能真正实现"办人民满意的教育"。陕西师范大学实验小学的学习支持系统将老师们的理想变成现实，超乎想象！教师的学习和发展，是为学生奠基、培土，事关孩子一生的幸福。

田征
陕西省青少年素质教育研究会执行会长

在今天乃至将来，学习支持系统的研究和实践永远关注追求思考力和提升学习力。追求思考力的认知思维，即在认知思维方面用学习干预、审辩思维干预，特别是创新思维的干预和引领。在提高学生学习力方面，他们关注学习的动力、学习的态度、学习的方法、学习的效率、创新思维和创造能力的研究实践和追求。

王湘蓉
光明日报《教育家》杂志主编

陕西师范大学实验小学的学习支持中心对孩子进行的一系列学习矫正以及训练，能给我们一些感想：

第一，学习支持中心促进了整个教育形态、学习形态的改变。

第二，学习支持中心使理想的教育成为现实。如何来看待教育，如何来发现生命的成长，这个应该是老师们目前需要再来回顾的问题。

第三，学习支持中心在未来一定可以促进我国儿童青少年教育观的改变及教育形式、教育内容的改变。

卢胜利
陕西师范大学党委常委、陕西师范大学党委副书记

为了引领新一轮的课程改革，打造高质量的小学教育发展的示范点、新高地和桥头堡，在陕西师范大学赵微教授的带领下，陕西师范大学实验小学因势而谋、应势而动、顺势而为，成立了"基于认知科学的学生发展支持系统"和学习支持中心。该中心秉承"为了每位学生的健康发展"的教育理念，立足每个孩子都有潜力、都有能力的科学认知，力求全面提升每个学生的核心素养。该中心以实验小学作为研究的实践基地，经过七年的探索发展，目前初见成效，并且已经成功推广到了部分学校。

赵昶葆
陕西省教育厅副厅长

教育需要情怀和良心，陕西师范大学实验小学学习支持中心就是有情怀、有良心、有希望的系统。未来幸福的事就是要让每一个孩子都健康快乐，要关注孩子未来走得远不远，关注未来他能不能拥有幸福的人生。

王彬武
陕西省教育厅教师工作处处长

学习支持中心的建设作为一种尝试和探索，对广大中小学具有普遍的价值和意义：在小学建立学习支持中心，让与"关注学习"有关的研究进入中小学。过去教育更多的是关注教学管理、教师的业务能力和专业水平，但专业水平的落脚点并不是学生的学习问题，因此学生存在的学习问题、心理问题、品德问题得不到有效解决，学习支持中心的建立可以让教师更多地关注学生学习。此外，学习支持中心的建设创新了高等教育和基础教育的合作方式，使得高校中专业的指导团队进入中小学，高校的教师能够用专业的理论去指导中小学解决学习问题。

后 记

赵微

尊敬的读者：

当您看到这本书，或许是因为您对幼小衔接的教育实践感兴趣，或者您是教育工作者或家长。这本书没有涵盖幼小衔接的全部内容，而是重点介绍幼小衔接的视听动能力、基础学习力的准备。通过阅读此书，希望大家能够理解以下观点。

第一，幼小衔接不仅是一个实践问题，也是一个理论问题，如何在科学理论的指导下开展入学准备和入学适应教育，需要幼儿园、学校、社会和家庭的共同研究和参与。

第二，入学准备是一个系统工程，要着眼于儿童发展的多维度。习惯养成是幼儿园老师和家长比较重视的，但是幼儿基础学习力的准备常常被忽视，这导致儿童进入小学后难以胜任比较复杂的学习任务，进而产生心理上的挫败感，引发学习困难和适应困难。

第三，入学准备是一个长期的过程，从儿童入园开始，教师和家长应遵循儿童身体发展、认知发展、情感发展、社会性发展的自然规律，有目的有计划地创造发展和养育的条件，循序渐进促进儿童全面发展，做好入学准备。

因此，写本书的目的，就是希望教师和家长能够把入学准备的重点放在以儿童健康发展为基础的长期准备上，特别是儿童学习能力的提前准备上。而不是通过上幼小衔接班这种短期提速式的做法，更不是简单地习惯养成就能做好幼小衔接。

今后我们还会针对幼小衔接学习力的提升进行系统的研究和介绍，为老师和家长提供更有价值的幼小衔接专业知识和实践指导。希望这本书能够在引导正确做好入学准备方面起到抛砖引玉的作用。

最后，希望更多的研究者和家长参与到儿童健康发展与科学入学准备的教育实践中来。